我们与参差书屋

王森　著

中国商业出版社

图书在版编目（CIP）数据

我们与参差书屋 / 王森著 . -- 北京 : 中国商业出版社 , 2024.1
ISBN 978-7-5208-2687-7

Ⅰ. ①我… Ⅱ. ①王… Ⅲ. ①咖啡馆—商业经营
Ⅳ. ① F719.3

中国国家版本馆 CIP 数据核字（2023）第 209037 号

责任编辑：聂立芳
策划编辑：张　盈

中国商业出版社出版发行
（www.zgsycb.com　100053　北京广安门内报国寺 1 号）
总编室：010-63180647　编辑室：010-63033100
发行部：010-83120835/8286
新华书店经销
武汉鑫兢诚印刷有限公司印刷
*
880 毫米 ×1230 毫米　32 开　6.25 印张　124 千字
2024 年 1 月第 1 版　2024 年 1 月第 1 次印刷
定价：68.00 元
* * * *
（如有印装质量问题可更换）

◀ 参差书屋的咖啡元素

参差书屋的表演区 ▶

▼ 变身小酒馆的参差书屋

▲ 参差书屋的音乐元素——收藏的音乐磁带

▲ 参差书屋萨克斯演出海报

▼ 参差书屋里的手工作坊

◀参差书屋弦乐四重奏演出海报

参差书屋演出海报▶

▼参差书屋是音乐人的展示舞台

◀ 父女笛子表演在参差书屋

冯翔老师在参差书屋 ▶

◀ 古琴演奏在参差书

乐器是参差书屋最好的装饰品

吉他遇见中提琴在参差书屋

爵士之夜在参差书屋

◀ 书籍和乐器是参差书屋最好的装饰

▲ 弦乐四重奏在参差书屋

◀ 西餐是参差书屋的重要元素之一

最优质的咖啡也可以平价

在参差书屋做手工

植物也是参差书屋的最好装饰品

▲参差书屋工作室韩老师皮雕作品

前言

开一间自己的小小咖啡馆，除了不能够发财之外，还是有很多好处的。比如，明知道发不了财，于是心态反而会很平和，不悲不喜，淡然度日，安安静静地自寻各种乐趣。比如，能够交到不少朋友。在这种状态下交朋友是可以有选择的，志同道合则多聊会儿，常见面；看不顺眼的，少搭理或者不搭理都行。时间长了，留下来的都是价值观、兴趣爱好趋同的真朋友。不知道是谁说过，大意是我们来到这个世界上，并没有任何责任和义务去改变别人，那是自寻其扰。人生短暂，我们有限的人生应该尽可能只和有趣的人、有趣的事物相遇相交。对于这句话，我深以为然。而开一间独立的小众咖啡馆，就有这样的效果。又比如，因为是小小的咖啡馆，经营起来压力不大，所以可以做到张弛有度，可支配的时间和空间就慢慢多了起来。多出来的这些时间可以用来干什么呢？对我来说，读书，当然是首选。读书是一种不求人的自娱方式。虽然从大学时期就有读杂书的习惯，但有一点可以肯定，过去这十多年的咖啡生活，我读的书更杂更多了。

德国人类学家和哲学家路德维希·费尔巴哈有一句话特别有意思——“You are what you eat”，直译成中文就是“你吃什么就是什么”，也可以理解为“你吃什么就会变成什么”。英国的一家电视台以这句话命名，做了一个节食主题的电视节目，一做就是十几年，可见还挺受欢迎的。我第一次看到这句话的时候就拍手叫绝，但叫绝的原因和真正意义上的“EAT”（吃）完全无关。“You are what you eat”这句话里的“EAT”，也就是“吃”，给我的第一反应其实是“获取信息”，意思是，我们每天都在获取各种信息，接触不同的人和事物，其实也像是在“吃”东西。于是“你吃什么就是什么”在我看来就是如果你每天吃进去的信息都是“垃圾”，那么接触的事物也都很“垃圾”，最终自己的脑子就会堆满“垃圾”，自己也变成了“垃圾”；反之，如果你确信兼听则明，千方百计地去获取各种不同的信息，而且，你对这个世界始终充满好奇，愿意了解和学习新的知识，坚持独立思考，于是，接触到“垃圾”的机会也会相对少得多，其结果一定是慢慢就变成了一个逻辑正常、思想丰富饱满且豁达的人。

要不人家费尔巴哈怎么同时是人类学家和哲学家呢，有水平！这句话让我拍手叫绝的原因是，它对我来说太及时、太有用了！几乎就是我前面讲的从此对“垃圾”敬而远之，并且放弃试图说服他们的企图和冲动的理论基础。可不是嘛，很多人之所以变成现在这样，是由他常年“吃”进去的信息、遭遇的人和事所决定的，某种意义上其实也有点无辜和无奈，甚至值得同情。正所谓积重难返，不是三言两语就能改变得了的。

放弃了与人理论和试图用言语改变他人的企图之后，自然又会多出更多的时间来，于是，还是按我自己对“You are what you eat”的理解，我立志继续做一个“杂食动物”，多多“吃”进各种不一样的信息，只和有趣的人打交道。多读杂书肯定也是重要的途径之一，保持开放的心态，不固守自己已经习惯的认知也非常重要。这两者其实也是互为支持的。杂书读得越多，越会在认知上不断开疆拓土，除了常有好奇心被满足的欣喜之外，也会越来越知敬畏，而少些狂妄，越来越理性宽容，而少些武断和狭隘。如此良性循环下去，就会导致“杂食”成为一种习惯，甚至是追求。

“吃”在我这里当然一直是指获取信息和知识，要是把这个理论用回到饮食上，我反而觉得有点麻烦。因为我不是一个“吃货”，而且我坚持认为“吃是为了活着，吃什么并不重要”，而不是“活着是为了吃，而且要吃好的”。估计这句话会得罪不少人，但我并不准备收回，我当然尊重那些美食家们，也愿意偶尔被美食家们带着去吃点好吃的，但是一旦有我认为更重要的事情要做的时候，花时间思考吃什么，对我来说就是浪费时间了。

铺垫了半天，我其实是想告诉大家，因为对“You are what you eat”的个人理解，时隔十年之后，我又要开始埋头认真写书了，就是这本《我们与参差书屋》。而且，这次和当年写《就想开间小小咖啡馆》不一样，这次我有很强的企图心，因为我决定不再躺平，而要开始再做点什么了。既然我那么相信人类“吃什么就是什么”，或者是“吃什么就会变成什么”，而且，我也坚信用嘴说用处不大，还会招人讨厌甚至记恨，那我这次就在“供给侧”上用心做点什么吧。但开始做之前，还是得造点舆论，强化一下理论基础。

和十年前写《就想开间小小咖啡馆》的初衷一脉相承，身处这个社会，总希望它越来越好。十年前，我希望更多的年轻人能够像我一样，靠某种技能，不依附任何人和组织就能过上经济独立、人格独立的生活，于是我分享了开咖啡馆五年来的经验和教训；如今，十年过去了，可以说初心未改，只是随着年龄的增长，我现在开始关注我自己和我的同龄人，也就是“我们”。我们中的很多人经济早已独立，人格也很独立，生理意义上的“吃”其实也不大吃得动了。据我的观察，我们更加需要的是满足精神需求的产品。我们中的大多数人的子女都已成人，不再需要我们操心了，于是，满足精神需求的产品甚至已经成了我们的刚需，至少于我是肯定的。如何充实而优雅地老去，我现在就在思考，也在践行，想必我的同龄人也都和我差不多吧。

十五年前，开第一间参差咖啡馆的时候，我就认为我是在提供满足精神需求的产品，还扬言参差咖啡是一间有价值观的咖啡馆。如果说当时的这些提法还有一点功利，是为了给自己的咖啡馆做一些差异化的定位，那么这次发起的参差书屋，可以肯定地说一定会有所为有所不为。我把参差书屋设计成会员制模式，就是这一想法的体现。尽一切可能为我自己和我的同龄人提供充足的产品和服务，目标直指我们的精神需求；而且，会员制模式的设计，也是为了甄选出我们同龄人里面的同类人。毕竟，现实情况我不说大家也明白——仍然有很多人把追求精神生活视为虚无和笑谈，甚至认为那是追求荣华富贵不得，退而求其次的选择。

我的偶像王小波说过，不管社会怎样，个人要为自己的行为负责。拿这句话和我的同龄人里面的同类人共勉——不管社会怎样，我们要为我们的行为负责。怎么个负责法呢？套用“You are what you eat”的原理，具体做法就是我发起参差书屋，然后我们一起去用心营造这个空间，里面要满满的全是满足精神需求的好东西，我们一起，认真做好供给，美美地呈现给我们的同类，千万别去说教。久而久之，越来越多的人不仅想“EAT”，而且能够有地方、很方便地去“EAT”，进而长期“EAT”那些能够让我们变得越来越丰富饱满又优雅的好东西，至于结果会怎样，我们不需要去预测，这是科学！我十分肯定，结果值得期待！

只是，如此宏愿就我一个人肯定难以达成，于是这本书没有叫《我与参差书屋》，而是《我们与参差书屋》。我的想法一目了然，参差书屋如果将来真的遍布全中国，那功劳一定不是我的，而是我们的；如果参差书屋将来有众多受益者的话，那它只是名义上是我的，本质上，它还是我们的！

好了，啰唆完了，在此感谢给本书投稿的几位参差会员，他们的文章在本书的最后一章里，其中有几篇文章我反复看过好几遍，非常感动，也非常欣慰。我知道，这次，我又做对了！ OK，欢迎大家走进参差书屋，从这本书开始，让我们一起见证一个完美的解决方案是如何落地、生根、发芽，然后枝繁叶茂，最后硕果累累！

目录

第一章

将

参差进行到底

参差与小波

我们周围的很多人，尤其在“粉丝”这个词流行开来以后，好像一般都不太愿意公开承认自己崇拜谁。老实说，对于这样的现象，我很着急！因为在我心里，这个世界上的确有很多值得崇拜的人。有那么多人完成了我不可能完成的事情，难道不值得崇拜吗？比如，前几天有人问我：“你崇拜他吗？”我毫不犹豫地回答：“当然！”这个他就是王小波。

读书，读着读着就会心地笑了，我没有问过别人有没有这样，但我肯定是有的。我第一次捧书微笑的时候，手里就是王小波的书。既然一个人情绪低落的时候被一本书弄笑了，我自然对作者心存感激。而且这种事情以前从来没有发生过，那我理所当然地对作者心存敬意。然后突然有一天得知，小波去世了，才 45 岁，心里有说不出来的滋味。一想到以后再也看不到那么睿智、幽默、精彩的文字了，遗憾得心疼。于是以后只要在书店看到小波的新版杂文集子，都会不由自主地买下来，哪怕其中内容有些重复。也许是因为他不在了，而我又时常想起他那些既讲道理又好玩的话，忍不住想用这种方式和他再聊聊。

到目前为止，也只有小波的文章我会反复看，而且还是会会心地笑。更好的是，从小波开始，我开始相信读书，也相信读书可以只作为一种生活方式存在就已经很合理了。我还相信，"智慧本身就是好的，有一天我们都会死去，追求智慧的道路还会有人在走着。死掉以后的事我看不到，但在我活着的时候，想到这件事，心里就很高兴"。

"须知，参差多态乃是幸福本源。"因为是从小波的书里看到了罗素的这句话，我觉得和小波精神上有了呼应，因为我们共同喜欢这句话。我眼前这个原本无趣的世界常可以跳跃出几颗有趣的参差火星，而这参差的星星之火开始在我心里燎原，我也真正地、用心地开始阅读更多的文学作品，看更多人文科学的书籍，乃至旅行，这些无不有助于形成我的信念，构造我的价值观。

20 多年了，我仍然可以负责任地说，因为遇见王小波（这件事情本身就很美好），我的生活有了很大的改变。乐观、豁达、理性、兴趣广泛，能够主动去发现这世界美好的东西。虽然周遭的环境好像并没有越来越好，但我的内心无比充实。因为小波，我已经成了一个彻头彻尾的参差之人，这种参差是自然的、美的。这世界有很多人实在是太"正常"，却因为这"正常"而少了幸福感。感谢小波，我会将参差进行到底。

备注

这篇文章是十几年前写的，但我觉得很有必要把它放在这本书的第一篇。虽然，最近这些年，已经很少再有人当着我的面把参差咖啡说成“Can Cha 咖啡”了，我觉得还是有必要在此先强调一下，解释一下，为什么我们会以“参差”作为品牌。毕竟，一提到参差二字，绝大多数人想到的是“参差不齐”。期待大家读完这本书之后，再看到参差二字，第一反应是，这是个品牌，而且是个广为人知的品牌，其关于咖啡，也关于书，还关于参差多态的生活。

“重走小波路”与参差咖啡

2007 年 4 月 11 日，是王小波先生去世十周年的祭日。这一天，在北京，中国人民大学的一间小礼堂里，有一个简短的纪念王小波和“重走小波路”出发的仪式，来自全国各地参加“重走小波路”活动的十多个人在这里做了简短发言之后，一起奔赴首都机场前往昆明。我是这群人里唯一一个来自武汉的，当时我并没有意识到，这次旅行竟然开启了我之后十多年的咖啡馆生活。

“重走小波路”是王小波先生的遗孀李银河女士发起的一个非常特别的纪念活动，通过网络征集全国各地王小波的粉丝，然后组织大家一起前往小波生前插队生活过的云南陇川国营农场。在我看来，用这样的方式纪念小波实在是一个太好的创意，小波先生泉下有知一定爱死这种方式了。知道这个消息的时候是 2007 年的 3 月，恰逢我经过一年的思考，已经下决心放弃所谓的事业，要去寻找一种适合我的、简单快乐的生活方式。当时我正好在北京处理公司的部分善后工作，作为小波的忠实粉丝，我毫不犹豫地、冒失地找到组委会，参加了组委会在北京的第一次碰头会。可能是因为我前些年几乎每年都去云南旅行，对云南比较熟悉的原因，当我在会上对此行20多人如何组织、行程如何安排、集结地点、交通工具、注意事项等提出建议之后，组委会一致认为我必须参与此行的组织工作。李银河女士曾经写过一篇文章提到，王小波就像一个接头暗号，这些人从别人对王小波的喜爱程度辨别对方是否为同类。既然是为同类服务，和同类一块儿完成一次有趣的远行，我当然毫不犹豫地接受了这个好玩的任务。

回到武汉，我快刀斩乱麻处理完公司的善后事宜，抽空自制了100件印有“小波语录”的T恤衫，在华中师范大学校园里搞了一次“纪念王小波十年祭——小波语录T恤展”。展览结束，我带着100件T恤衫于四月初赶到北京，开始做一些出发前的联络工作，准备从北京和李银河一行前往昆明，在昆明和其他全国各地的粉丝会合。在北京的几天，因为喝咖啡有瘾，经朋友介绍，几乎每天都会去位于海淀区魏公村一间名叫“蜗居”的小咖啡馆。其间，老板流露出转让的意思，当时我并没在意。不承想，仅仅一个月后，这间只有35平方米的、温馨可爱的小小咖啡馆竟然变成了第一间参差咖啡馆。

“重走小波路”从昆明出发，全程一周时间，参与者最远的来自新疆，其他如北京、上海、深圳、香港等全国各地共聚集了20多人。因为小波，我们聚集到了昆明的大脚氏青年旅舍。我提前预约了一辆大客车，大家AA制，途经大理、德宏，最终到达陇川。一路欢声笑语自不待说，几经周折终于抵达小波生活过的那个农场。农场职工得知我们是因为纪念王小波而来，惊讶之后热情地接待了我们。经我提议，我们临走前还在小波曾经住过的宿舍窗外种下了两棵小树。

“重走小波路”之后我回到武汉，武汉的一个媒体采访我，第一个问题就是：“你是武汉唯一参加这次活动的人，是什么促使你一个人去参加的，你参加这样的活动是希望有什么收获呢？”老实说，当时我对这个问题多少有些不快，也许是我对小波的偏爱吧。我认为她问出这样的问题一定是功课没有做足，对小波的了解有限。我告诉她：“如果一定要说到收获，我只能说决定参加这个活动本就是带着收获去的，因为小波的作品带给了我太多，说小波是我的精神导师一点都不过分。‘重走小波路’的形式实在是太妙了，用一次远行来纪念，我认为深得小波思想和思维的精髓，这么有趣的事情怎么能不参与呢？不是什么事情都得冲着收获去，有趣才是硬道理，仅此而已。”这么回答可能显得过于随性，好像后来这段话也没有被刊登。但是我心里的确是这么想的，我刚刚从凡事计算加算计、远期中期近期目标一大堆、时刻不忘计较结果的怪圈中走出来，一次远行而已，可不可以不要考虑收获什么呢？我只知道，我非常乐意、非常想去做这件事，整件事情的过程让我非常开心，非常快乐。难道收获快乐还不够吗？难道收获快乐和我们以为的收获是冲突、相悖的吗？我看不是。

事情好玩往往就在这里，“重走小波路”之后有了一个没有意料到的、额外的收获，因为此行，我结交了很多好朋友，其中三位北京的朋友促成了参差咖啡馆的诞生。不过，我还是要矫情地声明一下，这并不是我事前预设和期待的什么收获，它只能说明，去做自己喜欢的事情，就一定会有收获，不必预设。前面提到的“蜗居”咖啡馆的确是要转让，三位北京朋友之一想接下来，另外两位积极鼓噪，而我比他们更喜欢咖啡，对咖啡也更了解一些，于是就由我牵头，相约在 2007 年 5 月 13 日小波生日之前接下这间店，5 月 13 日这一天是小波的生日，我们希望在这一天开业。

就这样，五月初，我带着现金再到北京，确认转让价格，签合同，付款，拿钥匙，换招牌，简单改装，增添了很多王小波的作品和照片。一周之后，我顺利地成了这间小咖啡馆的小老板。5 月 13 日小波生日这天，我们在人民大学举办了一场纪念小波生日的朗读活动，活动一结束，我们请李银河到咖啡馆小坐，咖啡馆就算开业了。咖啡馆命名为“参差”，和王小波有关，我们当时想得很简单，只是希望它能成为小波粉丝的一个聚会点，里面摆满小波的作品，挂很多小波的照片和小波喜欢的作家的照片。至于如何经营这间咖啡馆，其实当时还没有什么完整的想法和思路，反正北京的股东之一是自由职业，她可以坐镇咖啡馆。我呢，算是圆了一个梦，有了一间自己的咖啡馆，开业不到两周就乐呵呵地回了武汉。

没承想，一年后，自由职业的股东被一家著名公司“招安”，必须每天去坐班，而我当时在武汉已经开了武汉第一家参差咖啡馆，不可能为此就移居北京。主人不能亲自经营，在我看来是违背开一间小小咖啡馆的首要原则的。于是在请那位股东的妹妹继续照看了半年之后，一对志同道合的北京本地夫妻表示喜欢这间店，并且认同我们的主题表示不会更换店名，还非常诚恳地到武汉来和我见了一次面，希望我们出让。有这么合适的人接着照看第一间参差咖啡馆，我们欣然同意了。现在，这间参差咖啡馆仍然在那儿，虽然不在我的名下，但我依然非常欣慰地时常关注它，也希望它永远存在下去。而且，十几年过去了，我一直把 2007 年 5 月 13 日，小波生日这一天默认为参差咖啡的创始日。

因为喜欢王小波，因为一次快乐的远行，因为结交了三位新朋友，因为冲动，当然也因为喜欢简单，喜欢简单生活，喜欢咖啡，喜欢咖啡馆，于是非常幸运地，从北京开始，过去的十几年我一直享受着我的咖啡生活。而且，做着做着，我一天比一天更加肯定，这次就是一辈子了，与咖啡有关的生活，就是我想要的，这就是我心中理想的生活！

备注

抱歉，这还是一篇旧文，是《就想开间小小咖啡馆》这本书的第一篇文章。之所以厚着脸皮再次选用，一是为了进一步解释“参差”这个品牌的来由，毕竟《就想开间小小咖啡馆》出版已经超过十年，按五年授权一次，我

应该需要授权第三次了。不过出版社至今还没有找我，大概是不会再加印了吧，所以这次再用一次，也算是合情合理合法吧。二是，选用这篇文章还有一点小小的虚荣心作祟——可以肯定，这本书的读者会有很多是原来《就想开间小小咖啡馆》的读者，也会有很多读者是知道参差品牌，知道参差咖啡的。“参差”作为一个品牌已经存在超过十五年。毕竟，在中国，十多年了，还在做同一件事，是值得骄傲的。

为什么这次是参差书屋

“须知，参差多态乃是幸福本源。”——罗素（英国哲学家）

参差书屋和参差咖啡都由此而得名。因此，我一直怀有某种使命感，那就是不断制造更多的参差多态，让生活变得有趣，更有趣一些。过去的十几年，参差团队从开办参差咖啡馆开始，创办了中国首家咖啡博物馆，甚至还把咖啡馆开到了日本；参差团队开办的参差咖啡梦想学校一直在教煮咖啡，教烘焙，教运营，教年轻人认认真真学手艺，诚诚恳恳地去经营一间自己的小店。至今，参差咖啡的学员在全中国已经开起了超过三千家的小咖啡馆，他们每天都在各自城市的大街小巷里制造着精致的、有趣的生活，教人煮咖啡，做甜点，让更多人的生活里多了一些有技术含量的细节。

经过十多年的沉淀，我觉得，我们已经有能力再做一个市面上没有的，或者说不太好定义的模式了。这一次，我们要把过去十几年里收获的有趣灵魂、优秀人才都集中起来，着力打造一个名为“参差书屋”的公共空间，私下里，我们也叫它

“幸福生活实验室”。我们的目标是：让一部分人先幸福起来！当然，什么是真正的幸福，我们也有自己的理解和诠释。

一、参差书屋到底是个什么模式呢?

1. 所谓“新模式”就是市场上根本没有的模式，或者至少是没有资本给予关注，甚至趋之若鹜的模式。这种模式的状态应该是这样的：有人已经尝试过，被证明是初步成功的；但是作为一种模式，还需要进一步提炼、打磨，找到更合理的、能够永续经营的核心竞争力；然后通过复制，一次次被市场证明其合理性和生存能力以及发展空间。

2. 任何一种商业模式，首先要明确的是目标人群。当然，还要非常明确谁不是你的目标人群。这也是我们这一次尤其重视的。目前国内现有的咖啡馆模式，目标人群都非常清晰，就是年轻人、白领。中国的人均咖啡消费量放到世界范围内，目前仍然是可以忽略不计的水平，所以仍然有巨大的想象空间。尤其在中国其他类型的消费已经基本和世界接轨的背景下，咖啡在中国可以视为朝阳行业，还有很长的路要走。我们发现，咖啡市场上目前竟然还没有一种模式是能够完全覆盖 40 岁、50 岁、60 岁人群的，更别说专门针对这个人群了。20 世纪 60—80 年代出生的人群，这是一个时代的人群，是有钱、优质的一代人，我们称这一代人是中国的“黄金一代”，后面会专门论述，他们为什么是中国的“黄金一代”。

3. 其实，咖啡行业作为一个朝阳产业，从业者都喜欢去争夺最大的、最容易说服的那一人群，还来不及顾及细分市场，也很好理解。我的思考是，现在是不是到了可以去研究细分市场的时候了呢？

4. 注意，星巴克 20 多年前进入中国市场，第一批喝星巴克的客人现在都已经 40 岁以上了。这群 40 岁以上的人群，是中国第一代受过完整连续教育的人群，他们还赶上了改革开放的红利期。他们中间，只要是受过连续教育的，基本都事业有成，属于高质高资人群。但是，很显然市面上并没有一种咖啡馆的模式是专门针对他们的。

5. 缘起。过去几年，由于微信的普及，很多人到中年的同学群里都有一种呼声，希望搞一个属于自己这个人群或者阶层的咖啡馆。原因是大家有钱、有闲、情怀泛滥。事实上，这其中行动力强的一些人已经合资开了不少关于这种诉求的咖啡馆。但是，很遗憾，绝大多数都无以为继，很多已经关门大吉了。很简单，这不是商业模式，是玩票，最后即便这些咖啡馆都不了了之，参与者一般也都无所谓，无关痛痒。那么，为什么不能有一种模式来收纳这些情怀，把 40 岁以上这一形象非常清晰的人群“管”起来呢？

6. 目标人群清晰了之后，看看他们需要什么。文化生活的需求，品质生活的需求，抛开利益和责任的社交需求，开发和满足自己的兴趣和爱好的需求，在公共空间不受干扰、独处的需求，等等。

7. 针对这几大需求，参差书屋模式将是一个有质感的、会员制的公共空间。这个空间不在乎位置，但应该有充足的停车位，面积应该是300平方米左右，只接待会员。在北京、上海这样的一线城市，它可能已经以某种会所的形式存在着，但这一类会所，门槛太高，受众并不具有普遍性和社会性。

8. 作为一种商业模式，这种会员制其实就是开市客（Costco）的模式，它有两个显著特征：虽然有会员制设置的门槛，需要收取会员年费，但本质上其实是在帮会员省钱、省时还确保品质，在经济增长放缓，对未来预期不再乐观的未来很多年，这种“聪明消费”的需求不仅合理，而且还可持续；会员制的目标不是圈钱，会员卡年费1000多元，谈不上圈钱。会员制的首要目的是筛选出目标人群，物理上把目标人群与大众隔绝开来。也只有如此，参差书屋的经营者们才能有条件针对性很强地专心提供优质的产品和服务。产品和服务的策略是优质低价，定价低于市场价，这不仅符合大众的消费心理和财务承受能力，而且由于目标人群精准，参差书屋还可以针对性极强地提供会员需要的增值服务。

二、参差书屋这个空间里应该有什么？

1. 为目标人群精心挑选的好书。不一定以销售为目的，推介这些书是空间的核心服务之一；未来以“复活”某一本书的方式销售优质好书也可以作为会员的重要福利之一。

2. 全世界最好的咖啡和茶。放弃传统餐饮行业高毛利率的做法，让会员以心理上能够接受的、非常舒服的价格享受到全世界优质的咖啡和茶。

3. 全世界最好的西餐（牛排）。放弃传统餐饮行业高毛利率的做法，让会员以心理上能够接受的、非常舒服的价格享受到全世界优质的美食、美酒。

4. 开辟手工作坊、影音室、书法室、雪茄烟斗室等专门以兴趣为导向的包间。既消化有这些兴趣的存量人群，也能帮助会员们开拓新的兴趣爱好。

5. 为会员提供各种文化福利，组织活动，每周保证一到两次，原则上不收费，活动费用从会员卡的年费里支出。活动包括：各种形式的音乐会，读书分享会，生活知识类、艺术类、心理学类、健康养生类分享会，电影分享会，兴趣手作，人脉和社会资源分享等。

6. 会员预订的同学会、生日会等各种形式的聚会。

7. 组织会员走出参差书屋开展参差旅行，制定不一样的旅行路线，和有趣的人一起出行。

8. 参照开市客的定价原则，向会员销售优质低价的产品，当会员达到一定数量之后，还可以以联名的方式、代工生产（OEM）的方式，为会员定制更多优质的产品和服务。

既然是模式，很多人喜欢找一个对标，参差书屋的对标肯定不是诚品书店，我们更像是日本的茑屋书店，但基于中国国情，肯定要有所区别。茑屋书店创立的初衷是针对日本的“白金世代”——有钱有文化的老年人。中国有没有“白金世代”，好像没有人提过，如果有的话，大概应该是1960—1980年出生的这一代，在此，将其称为中国的“黄金一代”。参差书屋设定的目标人群就是这一代里的少数人，我在后面的文章里还会进一步剖析。所以，参差书屋的理念虽然和茑屋书店相近，但不可能像茑屋书店那样在日本遍地开花，只能采取会员制的方式，服务“黄金一代”里最优质的少数人。

备注

这篇文章其实是2020年武汉新冠疫情最严重的时候写的。未来的世界经济不太乐观，大概是这几年的普遍共识。经济增长起起伏伏，世界上没有一个国家可以例外。生活在经济持续增长，房价只涨不跌的时间段，固然是一种幸运，但是，当我们谈论日本“失落的20年”，经济增长停滞的时候，其实也应该想到这一天在中国可能也会到来。中国的经济体量巨大，和小的经济体相比，就像一大盆水和一杯水的区别一样，体量小的经济体就是一杯水，容易速冻，身在其中第一时间就能体会到冷；一大盆水冷冻起来会慢得多，通常是边缘已经开始结冰了，里面还毫无感觉。等你真的感觉到了，可能已经来不及做出反应了。最近看到一句话：“悲观是一种远见，绝望是一种清醒。”非常符合现在某些人的情绪。但是，我知道还有一句话：“悲观

者永远正确，但乐观者才会成功。”能够在新冠疫情最严重的时候思考参差未来的发展和新的模式，看起来我本质上还是一个乐观者。秉持参差精神，我还是个行动派，思考清楚了就马上行动。现在，参差书屋在武汉的第一间样板店已经在运营，吸收的会员数量符合预期，会员的整体素质也符合预期，而我们提供的产品和服务也被会员们普遍认可，甚至是感激。可以说，参差书屋的会员制模式已经试验成功了。现在需要做的是继续打磨各个环节的标准作业程序（SOP），以便实现全国各地的快速复制，帮优质的人群在少花钱的前提下还能保持甚至提高生活品质，这样的好事，当然可以，而且，应该逆风前行！

第二章 参 差书屋到底想干什么？

中国有没有“黄金一代”？他们是谁？

写这篇文章是有私心的，希望从我开始定义和命名一个群体。因为要创办参差书屋，我买了三本关于茑屋书店的书回来看。竟然发现，茑屋书店的创始人增田先生有很多想法和我不谋而合。首先，增田先生 1983 年创立的公司叫作 CCC——Culture Convenience Club，顾名思义，就是“让文化触手可及”。2007 年，我开第一间参差咖啡馆的时候也曾说，参差咖啡馆卖的不仅是咖啡，更要卖满足精神需求的产品，所以从第一间参差咖啡馆开始，书籍一直是参差咖啡馆里的主角之一。更巧的是参差咖啡的英文简称也是 CCC——Cen Ci Coffee，后来从个体户变成公司的时候，公司名字是参差文化，英文是 Cen Ci Culture，简称还是 CCC，这个世界真奇妙！

这让我不得不佩服亚当·斯密先生提出的“无形的手”理论。所谓“无形的手”就是这个世界上总会有人为了获得更好的生活，想尽一切办法为这个社会提供更好的产品和服务，根本不需要某些人总喜欢自以为聪明、自告奋勇地去给别人指明方向。万里之外，不同的时空，我和增田先生都认为文化的、精神的需求很重要，于是就开始行动了，没有谁来给我们指导。当然，增田先生起的名字更直接更彻底，执行起来肯定也更坚决有力。参差的命名源自英国哲学家罗素的名言“参差多态乃是幸福本源”，这是一种观念，或者说是一种愿望，至于如何实现参差之美，字面上是找不到的。就像孔子两千年前所说的“君子和而不同，小人同而不和”，听起来极有道理，但是如何帮助大家避免成为小人，都乐于成为君子，孔子并没有说，或者说了大家都没记住，或者就算记住了，却都不愿意去做。多说无益，我们缺的是行动。从这个角度看，增田先生创立 CCC 不仅比我早开始了 24 年，而且目标清晰精准，不得不佩服。

当然，我也不需要妄自菲薄。增田先生想到要为市场提供文化产品和服务的时期，正好是日本经济高速增长的时期，我们各自在相似的经济环境下有了相似的想法，这算是不谋而合吧。更为巧合的是，2011 年，增田先生在东京开了他最具代表性的代官山茑屋书店，号称“森林中的书店”，店内所有的座位都被安排在窗户旁边，客人可以坐在窗边读书、喝咖啡、听音乐、苦思冥想抑或自顾自地放空；同年，不知道茑屋书店存在的我，也在武汉开了参差咖啡书屋，虽然因为规模小，“森林中的书店”不敢想，但思路是一样的，即我们都抛弃了“书本位”的想法，不仅不害怕客人在店里停留，甚至故意要提供更多的位置，让客人感受传统书店和传统咖啡店里没有的体验感。我当时的想法很简单，就是要让书店和咖啡馆完美结合，目标客群是年轻人。而十一年前增田先生重金打造的代官山茑屋书店，竟然把目标客群锁定在了 50 岁以上的中老年人市场。

十多年前，我把目标客户群对准年轻人并没有错，而且很成功。这次筹备参差书屋，秉持参差的精神，心里想的是要一反中国咖啡业者还在追逐年轻人市场的常态和惯性，准备专门为像我这样年纪的人设计一个空间。原因很简单：第一，我自己需要；第二，推己及人，我的同龄人应该也需要。等看完了关于茑屋书店的三本书后，才知道代官山茑屋书店十多年前的定位，虽然时空相隔了十多年，但又是不谋而合。原来，在全世界的商家都在绞尽脑汁吸引年轻顾客的时候，增田先生就逆势将目标受众对准了中老年消费者，他称之为“熟龄人群”，他还提出了一个说法，就是日本的“白金世代”。我产生同样的想法晚了十多年，但我觉得晚是合理的。怎么说呢，增田先生 1951 年出生，2011 年是 60 岁，他在这个年纪想到同龄人的需求，合理。我如今也开始关注同龄人的需求，比增田先生还早了六年，当然也是合理的。区别是，增田先生提出了“白金世代”的说法，而我没有。认真地研究了日本的“白金世代”是哪一时代人群后，我觉得我其实也可以提出中国的“黄金一代”这个说法。至于到底是叫“白金世代”还是叫“黄金一代”，虽然没那么重要，但我有我的理由，还是应该叫“黄金一代”。

增田先生在《茑屋经营哲学》这本书里说，全日本其实只有“三位”顾客：拥有丰厚资产的老年人，老年人的孩子以及年收入不到 400 万日元（折合人民币 20 万元）的大多数人。增田先生认为，第一部分人对茑屋书店来说是非常完美的消费者，他们年轻时向往欧美国家的生活方式，喜欢电影、音乐、书籍和杂志，现在既有钱又有闲，保持着阅读习惯，喜欢听 CD、看老电影，愿意回味年轻时接触过的事物，他们就是所谓的“白金世代”。稍微回顾一下战后日本经济腾飞的三个阶段：20 世纪 50 年代初期，日本人均收入不到美国的 20%，增长潜力巨大。于是在 20 世纪 50 年代中期至 70 年代中期，日本实现了年均 10% 的高速经济增长。20 世纪 70 年代中后期，日本人均 GDP 已经接近美国的 60 %，此后又实现了近十年年均 5% 的中高速增长。到了 20 世纪 90 年代初期，日本的人均 GDP 已达到美国的 80% 以上。所谓的“白金世代”，就是出生于五六十年代的这一代人，他们正好赶上了日本长达 40 年的经济中高速增长，然后在十多年前，也就是 2010 年前后步入老年。与之对应的，中国从 70 年代后期开始，也开启了长达 40 年的经济高速增长，于是六七十年代出生的人赶上了这 40 年的好光景。我觉得他们就是中国的“白金世代”，我作为一个六零后，既然身在其中，应该还是要低调一点，就称我们这一代人为“黄金一代”吧，不要一下子叫到顶。而且，说实话，我还真希望中国将来出现更幸运的一代，所以，还是把“白金一代”的称呼留给他们吧。这不是讲笑话，我是认真的，谁不希望自己的国家越来越好呢！中国未来一定有机会出现更幸运的“白金一代”。

日本的五零、六零后和中国的六零、七零后有一个共同点，就是都有机会接受完整的连续教育，这也是他们中很多人在步入中老年后成为有钱、有文化的“新顾客”的重要前提。我和我的同龄人中的同类人都“保持着阅读习惯，喜欢听音乐、看老电影，愿意回味年轻时接触过的东西”。这也是我想要提出“黄金一代”这一提法的重要原因，因为，描述一代人，或者定义一代人当然不能只以经济实力做指标，精神特质尤其重要！参差书屋运营的这几个月已经得到了充分证实，我们提供的产品和服务基本就是围绕这些东西展开的，接受度令人欣喜。

超级喜欢茑屋书店的这个说法——有钱、有文化的“新顾客”，也非常欣喜我在恰当的时期做出了和增田先生一样的选择。这群有钱、有文化的“新顾客”当然是各行各业都想争夺的客群。在日本，想要吸引“白金世代”，绝大多数公司想到的是广告，或者低价格吸引，增田先生的方式却是把第一家代官山茑屋书店打造成“白金世代”愿意特地来一趟的地方。参差书屋呢，面对我们设定的“黄金一代”，中国的有钱、有文化的“新顾客”，我们做了同样的事情，甚至做得更多。参差书屋和茑屋书店的区别是，我们会依然坚持小而美，店不能大，也不能太多。这样也好，只把这一小部分人找到，靠口碑就行，只为同类人服务，也不会太累，这样会做得更持久。

藏在181的楼上我们就想证明一件事

武汉首家参差书屋是“藏”在一个叫181的文化创意产业园里面，而且是在三楼。为什么这样选址，为什么敢这样选址，这个后面的文章会具体谈。这篇文章的重点其实不是参差书屋应该开在哪儿，怎么选择，而是想谈谈参差书屋的野心，也可以说是愿景。我想通过这间“藏”起来的参差书屋和大家一起探寻，除了荣华富贵，我们还该追求什么？

荣华富贵一词出自《管子·重令》，形容兴盛显达、有钱有势。荣：植物枝叶繁茂；华：草木开花。荣华：比喻兴旺繁盛，地位显赫。荣者，不一定富；华者，不一定荣；富者，不一定贵；贵者，不一定有钱。于是，荣华富贵一起追求，一定会耗尽人的一生。《论语》里有一句话：邦无道，富且贵焉，耻也。听起来很有气节，但现实中这句话可能会被很多人讽刺为矫情。很多人已经不怎么谈气节了。追求荣华富贵，我觉得也没错，但除了荣华富贵之外，我们还可以追求些什么呢？

很显然，荣华富贵的每一项都是“比”的结果，但一比，就没有止境了，很累！想要活得轻松一点，一定得戒掉“比”这个毛病。科学告诉我们，想要戒掉某种瘾，最好的方法是找到什么东西替代！这就进入本文的正题了——我们“藏”在181的三楼，就是想提供一些“替代品”让大家上瘾。而且，我很想证明“替代品”其实不少，只要你真心愿意去找，敞开心胸去接纳，打破禁忌去尝试。试想，如果大家“上瘾”的东西多了，在这些喜好里，自得其乐还嫌时间不够，自然就没有闲暇每天环顾左右，自讨没趣地给自己找一堆“比”的对象了。

能够上瘾，使人不再有时间去和别人“比”的东西其实很多，比如，看书，就是最经济的打发时间的方法；又比如，品好咖啡，甚至花点时间研究一下一杯好咖啡是怎么来的；比如，恶补一下古典音乐，时不时和肖邦、莫扎特共处一室，品味一下他们写下的这些好听的曲子，甚至了解一下这些音乐的时空背景和背后的故事；再比如，觉得自己唱歌还不错，想得到陌生人的掌声，那就周四来参差书屋，我们这里有很牛的吉他高手可以帮你伴奏……而以上这些，在参差书屋里都能够实现。这是广告，也不完全是，更确切地说应该算是一种提醒吧。我特别害怕人们误入歧途：一想到研究好咖啡、听古典音乐就去琢磨更好的装备，那又会落入“比”的陷阱，没必要！我们开办参差书屋的动机就在于此，把这些服务社会化，由我们来为理想的人群服务。以前没有人做这件事，或者想做也都做不长久，是因为没有好的模式。现在我们想出了会员制的模式，就可以为这类人群提供质优还不贵的专业公共服务了。想要培养和满足一些新“瘾”，就到参差书屋来，成为会员。我敢肯定，一年下来，你所有的“瘾”都会得到满足，每到周末都会有所期待，和别人“比”的冲动可能都没有了，不仅活得越来越轻松，一年下来发现还省了不少钱。

没有开业花篮，没有锣鼓喧闹，参差书屋就这样悄悄地藏在 181 的三楼试营业了。这是参差一贯的作风。选择三楼，当然有租金相对低的原因，这样我们就可以先提供一段时间只有未来会员才能享受的服务，让目标人群先进行体验。开业的前两个月，我们会广邀朋友来感受我们的会员福利，希望赢得大家的认同。等到正式营业之后，这些会员福利当然会持续下去，只是那时候就只有会员能够享受了。我们储备了大量的艺术资源等着和大家见面，陪大家度过每一个周末。既是欣赏，也是学习，还有助于帮助大家找到更多上面提到的“替代品”。

幸福感从哪里来？我高中时候的偶像海明威的经典散文《真正的高贵》里有答案：“比他人优越并无任何高贵之处，真正的高贵在于超越过去的自我。”原文如下：

True Nobility

In a calm sea every man is a pilot.

But all sunshine without shade, all pleasure without pain, is not life at all.

Take the lot of the happiest—it is a tangled yarn.

Bereavements and blessings, one following another, make us

sad and blessed by turns.

Even death itself makes life more loving.

Men come closest to their true selves in the sober moments of life, under the shadows of sorrow and loss.

In the affairs of life or of business, it is not intellect that tells so much as character, not brains so much as heart, not genius so much as self-control, patience, and discipline, regulated by judgment.

I have always believed that the man who has begun to live more seriously within begins to live more simply without.

In an age of extravagance and waste, I wish I could show to the world how few the real wants of humanity are.

To regret one's errors to the point of not repeating them is true repentance.

There is nothing noble in being superior to some other man.

The true nobility is in being superior to your previous self.

译文：

真正的高贵

风平浪静的大海，每个人都是领航员。

但是，只有阳光而无阴影，只有欢乐而无痛苦，那就不是人生。

以最幸福的人的生活为例——它是一团纠缠在一起的麻线。

丧亲之痛和幸福祝愿彼此相接，使我们悲喜交加。

甚至死亡本身也会使生命更加可亲。

在人生的清醒时刻，在哀痛和伤心的阴影之下，人们与真实的自我最为接近。

在人生或者职业的各种事务中，性格的作用比智力大得多。

头脑的作用不如心情，天资不如由判断力所节制着的自制、耐心和规律。

我始终相信，在内心生活得更严肃的人，也会在外表上生活得更朴素。

在一个奢华浪费的年代，我希望能向世界证明，人类真正需要的东西是非常之微小的。

悔恨自己的错误，而且力求不再重蹈覆辙，这才是真正的悔悟。

优于别人，并不高贵。真正的高贵应该是优于过去的自己。

精致的生活到底长什么样子？

熟悉参差咖啡的朋友们都知道，我是王小波先生的铁粉。为了纪念王小波先生离世二十周年，2017 年我还专门写了一本书《余波未了》。顾名思义，王小波先生对于我来说意义重大，我会一辈子对他心存感激，余波未了；同时我也希望大家不要忘了他，不论你是否以前读过他的文章，我敢肯定，任何时候遇见王小波都是一件美妙的事情，余波不能了。

因为小波，十五年前我给自己的第一间咖啡馆命名为“参差”，也是因为那年参与了纪念小波离世十周年的活动，结识了李银河女士，之后一直保持联系至今。虽然当面我都称呼李老师，但在我心目中，她就是我的师母。因为从小就叛逆，师生关系都处得很一般，所以，仔细想起来，这辈子心里默认的师母就她这一位。既然是师母，当然就会对李老师保持关注，希望她一直健康幸福。

正所谓君子之交淡如水，李老师常年居住北京和威海两地，我们并不总有机会碰面。四年前我在日本神户买了房子，邀请李老师一行到神户玩了几天，成功“忽悠”李老师在神户也买了一套海景公寓。我心里的想法是，如果再过些年，万一李老师身体有什么状况，我也可以在神户为师母尽点责。当然，这只是我心里的想法，不好明说。

李老师今年 70 岁了，很少参加社会活动，她喜欢待在家里写写东西，看看电影。除了逢年过节致电问候李老师，平时我也只是通过她发的微博和微信推文了解她的近况和状态。令人欣慰的是，李老师的状态一直都很好。何以证明呢，西哲有言：“不经思考的生活，不值得一过。”李老师还在写东西，就说明一直在思考。这不，李老师最近的一篇推文提到了“精致的生活”。以我对李老师这个年纪的人群的观察，“精致”这个词其实很少出现在他们的语境里，更别说对“精致”的理解了。我在本书里的一篇文章断言，“荣华富贵”是很多人人生追求的天花板，那么，“精致”到底是在“荣华富贵”之内、之外、之上，还是之下呢？反正我觉得在“荣华富贵”里发现精致，难。因为，“荣华富贵”是显性的，而“精致”更多是向内的，是个人体验。

到底什么是精致的生活？看看李老师是怎么说的吧：“人为什么要过精致的生活呢？因为每个日子是人真正拥有的唯一事物，其他的一切只不过是空无。人的一生由一个一个的日子组成，每一个日子过得如何，是快乐，是痛苦，是烦闷，是无聊，就构成了生命的色彩。其余的一切均属身外之物。”你看，是不是，我没有理解错吧，精致更多的是个人体验。那我们再看看在李老师的心目中什么是精致吧："所谓精致包括三个方面：物质生活的精致；人际交往的精致；精神生活的精致。"还有第四个或者更多的方面吗？我好像还真想不起来。那好，我们接下来继续看李老师怎么说："物质生活的精致表现为舒适，满足身体的需求，既不匮乏，也不过度。"李老师的这句话让我想起了甘地的一句名言，大意是，这个地球足以满足人类的正常需求，但远远满足不了人类的贪欲。贪欲会导致过度甚至无度。很多人把"日子过好了"全部演示在吃吃吃和买买买上，我很不以为然。任何事情过度了其实都终归成为负担，这一点无须争论，身体是诚实的，我身边有很多朋友现在的身体状况都在为之前的过度吃喝还债，还有一位做药的好朋友更惨，人已经去世了，去世前他跟我说，他身体的问题就在于常年为了业务被迫陪吃陪喝。

说到饮食，现在的参差书屋也会有餐饮，但是关于卖什么，我们是思考过的，我在本书其他文章里也会详细解析，这里就不重复了，总之我们肯定首先要保证食材的优质和精致，而且是能够一目了然、看得懂的优质和精致。

关于人际交往的精致，李老师认为其表现为惬意，也就是舒服的意思。只要满足自己与人交往的需求就好，不匮乏，也不过度。李老师在这里提到"不过度"，这和我写的一篇文章《我们需要第三类关系》不谋而合。李老师说，所谓精致就是精挑细选，只选择最有趣、最可爱的人交往，关系既不平淡，也不过于黏稠，相处感觉舒适、愉悦就好。是的，想要精挑细选，那就只能是第三类关系。血缘关系没得选，生意关系不仅没得选还得去用力维护。只有无血缘无利益的第三类关系才有得选。参差书屋就是这样一个平台。如果大家认同每个人都需要舒适的人际关系，那参差书屋的意义就重大了。因为，参差书屋就志在于此，不仅提供平台，还提供机会和氛围。参差书屋每周日的读书日，每次观影之后的交流时段，在参差手工作坊学习技能的间隙，周末演出的中场休息时间，都在提供人以群分的可能性和机会。

此外，是精神生活的精致。李老师认为，精神生活的精致表现为喜悦。精神生活的精致不仅仅囿于高雅，如室内乐、小剧场话剧，也可以有一点通俗的娱乐，如相声、悬疑电影。看，这是李老师在给我们指明方向啊！参差书屋开业以来每周的活动都是在这些方向上开展的。而且，开业数月来，会员们给出的最多反馈就是喜悦，以及“人间值得”这样的感慨。参差的会员素质都很高，如果他们不是一直在追求精神生活的精致，自然不会为我们每周安排的活动感到欣喜。那么，反过来，参差书屋作为专业的、满足精神生活的产品提供者，也是可以感到骄傲的，毕竟，能够组织如此高频、多样化而且保证质量的活动，市场上确实不多。甚至，其他商家即便有心作为，却都很难躲过一个怪圈——大众就很难精致，精致就只能小众，而小众就只能边缘，最终难以为继。还好，参差书屋想到了会员制。

李老师这篇推文的最后一句话是：“人应当过精致的生活，

那是一种经过精致思考、精致筹划和精致选择的生活。”这简直就是对参差书屋模式的一个总结。毕竟，要每个人都做到精致思考、精致筹划和精致选择，实在是有点勉为其难。参差书屋的出现，提供了一个科学合理的解决方案——把费时费力的精致思考、精致筹划和精致选择全都交给参差书屋，让思考、筹划和选择更加专业化、系统化和社会化，如此一来，岂不是可以惠及更多人。十多年前开第一间参差咖啡馆的时候，我就曾说，我卖的不仅仅是咖啡，我要卖满足精神需求的产品和服务；咖啡谁都可以卖，可我说的这些就不是谁都可以做的啦。现在，十多年过去了，我依然初心不改。而且，这不仅仅是商业角度的追求差异化，于我来说，更是一种追求！一种使命！当然，也是乐趣！

期待看到这篇文章的有心人联系我们，我们在每个城市都需要一个人或者一个小团队来完成这个社会化服务，我们一起去做这件悦己悦人的事情，多好啊！注意，悦己在前，是因为你必须自己先喜欢，只有这样，在服务过程中才会有喜悦。有时候，服务大众是一件辛苦甚至痛苦的事情，但参差书屋是会员制，所以大家不用担心，我们只服务小众，可以说，我们的服务对象也是精挑细选的，我用参差书屋这几个月的运营体验告诉大家，我们不仅受到了充分的尊重，还收到了鼓励和感谢。是的，如果不是这样一个科学的模式，不是经过选择的客人，如果服务的过程让人感到委屈、憋屈，到头来，会员们的生活精致了，我们自己却拧巴了，那不科学，肯定也不可持续。

最后，借用李银河老师关于精致生活的思考总结：关于精致生活，我们参差书屋当仁不让，从缘起，到实践，再到向全国推广，参差书屋的创办宗旨和运营实践，都是在回答和呈现精致的生活到底长什么样子。

参差书屋就是一个有文艺属性的公共客厅

文艺，顾名思义，文学和艺术也，都是美好的东西。可是，大家有没有注意到，当我们谈起文艺，尤其是谈起文艺青年的时候，文艺一词有点偏中性。然而，不管别人怎么看，我内心始终对文学和艺术充满着热情，觉得它们都是我生命中不可或缺的要素。很显然，参差书屋的会员也都是同类人。

不要怕美好的一切消失，我们先让它存在。——王小波

最近，在参差书屋每次演出结束之后，大家一般都会意犹未尽，还留在参差书屋继续喝杯酒，聊聊天，每次我都会循循善诱——参差书屋名义上是我的，其实本质上是大家的，这里就是一个有文艺属性的公共客厅。每个周末，这里的活动其实就是传说中的“沙龙”（Salon）。

从 17 世纪开始，巴黎就有些名人常常把自家的客厅变成社交场所，举办各种沙龙。沙龙的进出者，多为戏剧家、小说家、

诗人、音乐家、画家、评论家、哲学家和政治家等，其中一些文人还会在沙龙里朗诵自己的新作。他们志趣相投，欢聚一堂，一边饮酒，一边欣赏典雅的音乐，一边就共同感兴趣的各种问题促膝长谈，无拘无束地在沙龙里传播信息……

据说，第一个举办文学沙龙的是德·朗布依埃侯爵夫人。而我既不贵又不富，想要维系这样一个公共客厅，没有“祖传财产”支撑，肯定是不可持续的。于是，我才想出了这个会员制模式。试营业以来，会员数的增加基本符合预期，还收到了很多肯定和鼓励，现在其实就已经可以下结论了，这个模式是合理的、可行的。因为模式的设计，我们选址选在三楼，租金比临街铺面要便宜很多，这样一来，维持这个公共客厅运转的会员数要求就不需要太多。这样的好处很明显，我们不会被迫接受良莠不齐的客人。和传统的书店和咖啡馆不一样的是，参差书屋作为一个公共客厅，不仅有书，有咖啡，还有美食和美酒。而且，我们的价格基本上都是市场价的一半。这种复合式的经营模式，也是一开始就设计好的。经营品种如果只限于咖啡、甜点，显然支撑不了租金和人工以及常年的艺术活动。之所以现在出品高品质的西餐，其合理性在于，西餐再好吃，大家选择的频率也不会太高，书屋不至于变成一个嘈杂的食堂。借用开市客的数据，如果每个会员每个月来书屋吃两次西餐，书屋就可以进入良性循环了。

大家可能会觉得我有点吞吞吐吐、扭扭捏捏、既想又想还想——这是最近网络上很流行的一个调侃句型。可不是嘛，我的确是既想让这个公共空间文艺活动非常丰富，又想让会员不必因此额外支出更多的钱，还想这件美事能够一直持续下去，这就需要更多的人达成共识，但又不需要太多。所以，这也是我写这本书的原因，一个新事物肯定需要多多讲解，还要有实践的数据，通过实践来证明模式的合理性和可行性。要知道当年开市客在美国开始以会员制模式创业的时候，不仅不被看好，还招来了大批超市业同行的嘲讽。事实证明，古往今来的先行者基本都会遭此待遇。参差书屋现在已经算是幸运的了，开业以来，得到的全部是会员的赞许和支持。至于同行，因为我们的模式太独特，书店不像书店，西餐厅不像西餐厅，看着最像一间咖啡馆，但是晚上还总有演出，却不见卖酒，总之就是一个“四不像”，应该还没有哪个行业认为我们是他们的同行吧。当然，我们才刚刚开始，小到还没有人注意也是一个原因。

1976 年开市客进入超市行业后，其店内所有商品毛利率不超过 14%，却以每年 9% 的销售增长速度平稳增长。开市客的创新模式不仅仅只是惠及了自己的数千万会员。这是一个主观利己、客观利人的好案例。

把开市客案例提出来，是因为我们的参差书屋才刚刚开始，需要找类似的成功案例来坚定信心。毕竟，在全国各地都出现像参差书屋这样美好的公共客厅，也是一件主观利己、客观利人的好事，而且，惠及的也不仅仅是参差书屋的会员，还会有更多人。

第三章 有未来的会员制

为什么开市客能成功？参差书屋可以吗？

美国社会学博士、专栏作家安娜·安吉利卡（Ana Andjelic）女士曾提出，会员制是现代渴望经济（Aspiration Economy）实现的工具，它代表着消费者从炫耀性消费向自我投资与升值的价值模式的转变。种种迹象表明，会员制在今天成了一种趋势。《会员经济》的作者，美国半岛战略公司创始人巴克斯特（Baxter）先生也在他的这本书中判断："会员经济对社会的影响将与工业革命和汽车的普及一样深远，而那些无视会员经济的领导者们会像马车的制造商一样逐渐被淘汰。"以上这两位专家都在谈会员制的趋势，前者的观点我是认同的，后者的判断是否有点夸张，还有待观察。

其实，会员制并不是什么新鲜事物，只是在互联网时代再度备受关注而已。巴克斯特先生认为，会员经济会越来越蓬勃的原因主要有二：一是今天获取新用户前所未有的难，与其花重金去获取新用户，不如深耕老用户；二是移动互联网和大数据技术让公司更容易根据用户行为模式来提供定制服务。《会员经济》这本书我没有看过，但就作者刚才的表述看，我认为作者这是陷入了“存在即合理”的逻辑，其分析也只是技术层面的，是商家本位的，并没有说出会员经济将成为趋势的本质原因。安娜女士的分析倒是顾客本位的，是一群顾客主动选择了会员制，我认为这才是会员制可能成为趋势的基础。至于安娜女士分析的这些顾客选择会员制的原因，我只赞同一部分。因为，会员制成为趋势的前提，必须是商家和准会员之间达成了某种共识，仅仅只从商家本位或者顾客本位去分析，都是不全面的。巴克斯特先生说获取新用户越来越难，所以才转而推行会员制，这显然不足以证明会员制的更加合理和科学；安娜女士描述了某种事实，那就是消费者的观念在转变，但商家为什么非要及时响应和附和这种转变呢？迎合这样的转变为什么非会员制不可呢？

好了，又有点绕来绕去的了。我还是举个例子吧。十年前，当市面上还在盛行派发终身贵宾卡（可以长期八折消费），或者办卡充值多少就送一些消费金额的时候，我就在参差咖啡书屋推出了一种有效期一年的会员卡，办卡需要支付 25 元人民币，持卡人在有效期内来书屋消费享受八五折。先说结果吧，首批 2000 张卡，我们只用了不到三个月就办完了，准确地说，是卖完了，书屋进账了 5 万元。人家的贵宾卡可能送都没有人要，我们凭什么还要收费，而且竟然还有那么多人认可？

后来，在参差咖啡梦想学校的经营课上，我每一期都会拿这个案例向学员们提问：“一间店要不要推出会员卡，为什么要推出会员卡？”十年了，4000多名学员，几乎所有的回答都不外乎——会员卡是为了锁定顾客，或者是回笼部分资金。这，就是我刚才说的所谓商家本位。我告诉学员，如果是大家这样的出发点，那就不用推出会员卡了。为什么？因为这是利己的一厢情愿，顾客为什么非要上杆子来被你锁定呢，尤其是那种储值送的方式，一旦客人变心了，不想来了呢，是不是有被绑架的感觉呢？

我告诉大家，我当初推出收费的会员卡，初衷其实并不是那进账的5万元，那只是结果，是我提出的方案被客人认同的结果。我的初衷其实是，我要找一个办法来甄别出那些喜欢我们书屋的客人，然后给他们一些优惠。这个逻辑其实也很简单，我们对来书屋频率高的客人心存感激，对他们的收费，我们希望要比对偶尔才来的客人更优惠，这样做合情合理。只是我们不可能每天站在店门口做民意测验——你喜欢我们吗，你会经常来吗，如果答案是肯定的，那送你一张打折卡吧。于是，我们通过收取并不多的25元年费去做甄别，事实证明，我们做对了。

显然，愿意支付那25元年费的人，一定是心里喜欢参差咖啡书屋，并且初步判断自己会在未来一年里常常来的客人。所谓常常来，就按每个月一次，一年十二次算吧，如果每次来享受的八五折优惠能够省下哪怕3元钱，那么一年就是36元钱，价值大于这25元钱，那么年卡就值得办，而且来的次数越多越值，带朋友来更划算，我们当然也乐见。是的，人都是经济动物，这笔账是很容易算的。至于我们如何为持卡会员提供精准服务和增值服务，那是技术问题。我举这个例子就是想说明，会员制模式的初衷不应该是获客或者锁定顾客，那是商家本位，客人不一定买账；会员制模式的本质是甄选目标客人，然后给这些客人最大的优惠和最好的服务。所以会员制模式应该是一种商家和目标客户群共赢的模式，商家一旦确定会员制模式，从此就不用无的放矢地花冤枉钱胡乱做推广；而那些观念上达成共识的会员们也可以因为群聚而享受到优惠和精准服务。

从上述分析看，显然开市客是最典型、最成功的会员制模式的企业，开市客可不是前文里巴克斯特先生所说的因为面临获客成本大增才推出会员制的，开市客是设计好模式才开店的。据说，当初刚推出收取会员年费模式的时候，开市客招来了大批人嘲讽，断言这种模式完全是想入非非，根本不可行。看看开市客的高管是怎么说的吧：“都说寻找目标人群很重要，但是，其实 99% 的企业不知道谁不是他们的目标人群。会员制是开市客甄别目标客户、提高运营与服务效率的重要战略环节之一。”这句话的前半段是不是看起来有点怪怪的，其实，就是这么一点差异成就了今天的开市客。绝大多数企业都明白要寻找精准的目标客群，可是在实际操作上，却还是想通吃所有客户。可能这就是人性的弱点吧，来的都是客嘛。殊不知，客人鱼龙混杂的结果，一定是经营者越来越无所适从，最终可能谁都不满意，或者至少是无感。而会员制最最重要的目标之一就是让会员们产生归属感。

记得当初麦德龙进入中国的时候，就是会员制，后来没坚持住，会员制名存实亡，最近好像又重新开始了会员制。但我觉得为时已晚。现在的中国超市市场，山姆会员店发展得很好，全国付费会员超过四百万，开市客进入中国之后也在稳健发展，会员数量高速增长。我很怀疑在山姆和开市客的夹击之下，麦德龙是否还有机会翻身。毕竟，一个家庭同时成为三家超市的会员，每年交三笔年费，那得需要多么充分的理由啊！

好了，不替别人操心了，说回参差书屋吧。参差书屋就是完全效仿开市客，先设定了会员制模式之后才开的。我们先确认了中国的确存在“黄金一代”并将其定位为主要客户群体，我们也很清楚，就算是定位“黄金一代”，可能成为我们会员的比例也不高，但就一小群人其实就够了。按目前山姆会员店在中国的会员数的百分之十计算，四十万会员就是我们的目标，大约是中国人口的万分之三，当然，稍微再多一点更好。按全国 300 个目标城市来计算，平均每个城市的会员数在 1500 人左右，从数量上看，这肯定不算什么了不起的宏伟目标。但只要我们的产品和服务能够被这万分之三的人认可，其实就很伟大了。说得直白一点，这些人就是所谓的消失的贵族，换个说法，就是“精神贵族”。

参差书屋开业以来，我们做了两个月的试营业——没有门槛，谁都可以来享受我们优质优价的西餐、咖啡，免费参加我们组织的各种活动。看着一批批来体验的客人，谁会成为会员，谁不会，我几乎是一目了然。前文也说过，问题的最关键，其实是要搞清楚谁不是你的目标人群。山姆会员店和开市客用事实改变了很多人的观念，参差书屋因为山姆会员店和开市客的示范而有机会不必费太多口舌就可以顺利地开展会员制模式。从最近这几个月的运营实践看，对的人，其实并不太需要过多的游说，我们只需要按模式的设定，专心把产品和服务做好就行。这也是参差书屋未来可以在其他城市复制并永续经营的优势所在。

会员制的合理性，尤其是参差书屋

《因为有你，所以参差》是我2013年写的一本书，当时出这本书是有感而发。2011年，基于当时中国的好咖啡馆里没有好书，好书店里没有好咖啡的困惑，我在武汉光谷世界城步行街接下一间严重亏损的200平方米的书店，改造成了参差咖啡书屋。仅用了三个月就实现了盈利，还把参差咖啡书屋变成了当时光谷区域年轻人喜爱的聚集地，短短4年208周，我们办了超过208场各式各样的线上和线下活动，很多大学生都在参差咖啡书屋留下了美好的回忆。所谓有感而发，就是这些参差多态的年轻人参与和成就了我的一次试验——开一间大一点的、咖啡和书结合在一起的咖啡书屋。事实上，回头总结当年参差咖啡书屋的成功，有一个重要的原因就是目标人群清晰明确。当时的参差咖啡书屋，目标人群就是在光谷区域的那些高校学生和老师们。

而这一类人密集的区域，在武汉三镇中，仅仅只有光谷最为明显。十多年过去了，现在的参差书屋目标人群的画像更加清晰，就是那些中年以上的中产阶级。美国财经界曾为会员制的典范开市客的会员画过像：他们受过大学教育，家庭年平均收入达 12.5 万美元，是典型的美国中产阶级。事实上，开市客从一开始就很清楚自己所要服务的人群。“当所有人都在强调要服务好顾客时，只有 0.1% 的零售公司能很清醒地说出什么人不是我的顾客。其实，回答什么人不是你的顾客比什么都重要。”这句话是开市客的高管说的。很幸运，参差书屋也意识到了。对于开市客而言，会员制是它甄别目标客户、提高运营与服务效率的重要战略环节之一。参差书屋采用会员制，也是同样的目的。

在很长一段时间里，尤其是互联网时代，中国消费者都习惯了“免费”。而如今，付费会员正在渐渐覆盖中国人生活的方方面面。山姆会员店与开市客在国内的流行，可以说是中国会员制时代来临的证明。2018 年，曾有学者提出，会员制将成为最流行的消费者关系模式。有意思的是，同为会员制仓储超市的麦德龙 1996 年就进入了中国，到 2010 年，因为中国消费者无法适应会员制，麦德龙取消了会员付费门槛。结果，到了 2020 年，又重新开启了会员制。参差书屋模式也恰巧是在 2020 年开始构思的。参差书屋不是传统书店，里面当然要有书，但是作为实体书店，靠卖书显然是不够支撑的，所以参差书屋也是一间咖啡馆，还是一间西餐厅，到了夜间，还会变成一个小酒馆，每个周末，参差书屋还是一个小剧场。说白了，它就是一个成年人的俱乐部，目标人群的公共客厅。

这样的复合式经营其实也是一个趋势，这里暂时不讨论，后面的文章会专门论述。参差书屋可能是中国第一个尝试把开市客模式的会员制引入实体书屋的。通过几个月的试运营，我们很受鼓舞。因为我们已经赢得了很多会员的认可，而且，事实上一间有文艺属性的公共空间，我们可以比开市客——一间超市做得更多，那就是，我们可以提供更多满足人们精神需求的产品，这是一间超市不会也不必去做的事情。所谓满足精神需求的“产品”就是我总在提的、免费的会员文化福利。很多年前我就说过，在中国，至少对中产阶级来说，物质得到满足早就已经是轻而易举的了，但精神生活的满足基本得靠自己，而且通常还都很昂贵。比如，大概整个武汉都不会有一个人每年去一百次琴台大剧院吧。可是来一百次参差书屋呢，至少有这个可能。这里有好书、好咖啡、好牛排、好威士忌，还有优质的演出。按现在的会员年费，如果某个会员一年 100 场演出每场都到了，那么观看演出的费用每场不到 20 元，更别说参差书屋里的吃吃喝喝都是市场价的一半左右，如此一算，看演出其实真的就成了会员的免费福利了。

可能有些人会怀疑，参差书屋真的能够保证一年 100 场高质量的演出吗？这就像四十多年前开市客刚开业的时候一样，也有很多人说创始人疯了，东西哪里买不到，还要收会员费？因为参差书屋是个新模式，所以我愿意不厌其烦地反复强调，参差书屋的会员制其实是一个三赢模式的试验：武汉的存量艺术人才肯定能够支撑这 100 场高质量的演出，在武汉 1000 多万的人口里与万分之三的高知人群达成共识，也就是吸引两三千人成为参差书屋的会员，邀请这两三千人来参与这场试验，我觉得只是个时间问题。当然，最开始的 200 人很重要，有了这 200 名基础会员，参差书屋在一个租金不贵的地方（开市客的选址也是找便宜的地方）就可以存活下去。这就是三赢，除了会员一方，参差书屋一方，还有一方，就是艺术家们。详细解析，我会在后面展开。

参差书屋为什么要收取会员费?

2020 年全球最受赞赏公司排行榜中，苹果、亚马逊、微软保持前三名。然后，有一家综合销售商，成为第九名最受赞赏公司，这就是开市客。开市客靠着其独特的商业模式，打破了所有实体卖场的常规，并且交出了年年增长的亮眼业绩。

参差书屋的会员制模式就是受了开市客的启发之后在实体咖啡书屋领域的一次实践，很有可能是中国的第一个。总结一下，开市客最核心的理念有三个，而参差书屋将在这三个方面结合咖啡书屋业态的特点去一一实践。

一、开市客提供最优惠的价格和高品质的商品

凭着海量的会员数量，开市客可以拿到市场最低的价格，凭借最优的价格，为会员提供高品质的商品，这是开市客多年坚持的经营理念。开市客在每一项商品上平均只赚 10%~12% 的毛利，相比同行业，是相当低的。

因此，参差书屋并不追求海量会员，有很明确和清晰的目标人群定位，希望服务优质的人群。以武汉为例，我们分析的结果是，喜欢书和咖啡、喜欢文艺、对高品质生活有理解并追求的人。哪怕只按武汉市人口的万分之三计算，也有大约 3900 人（可能有点保守，也许有点乐观，这需要时间去证明），只要有这个人数的哪怕一半的会员数，参差书屋的模式就可行。接下来的工作就是找到他们，这也是我们试营业期间频繁安排文艺活动的目的。和开市客一样，我们一改传统餐饮行业，尤其是咖啡馆和酒吧动辄在原料成本上翻 3~5 倍的定价原则，我们定了一个反常的毛利，基本上 10 元的原物料成本，我们的售价不会超过 20 元（比如参差书屋的美式咖啡卖 10 元，远低于任何一个品牌咖啡馆或独立咖啡馆）。西餐和酒的售价也如此，我们的售价基本上是市场价的一半。

二、开市客有舒适又宽敞的购物空间与免费的服务

所有的商品都以运输货架的方式进货，然后整齐分区陈列在卖场（类似宜家），让顾客有安全又整齐的购物空间体验。另外，向会员提供免费轮胎安装、免费视力检查、眼镜架清洗、免费停车服务等。

参差书屋和开市客思路一样，不会选址在繁华的地方，节省下来的运营成本可以用来回馈会员。比如在保证食材优质的前提下，控制产品的毛利，还可以持续为会员提供文化福利——免费的文艺演出。而传统的做法是靠高毛利来支撑某些

艺术表演的，一旦上座率不高，演出就不可持续了，这种现象大家见得多了。

三、开市客强大的会员制足以支撑前所未有的 VIP 售后服务

虽然开市客收取会员年费，但却为客户和开市客带来双赢的局面，会员续卡率达到九成以上，会员每年所交的会费不仅帮助开市客聚集更多优秀管理人才，还减少了许多运营与管理成本，使得商品的价格永远能够比其他竞争者低，最终还可能成为开市客的利润。

参差书屋也收取合理的会员年费，这将形成三赢的局面——客户（会员）、艺术家和参差书屋。会员因为交纳了会员费，共同参与打造了一个舒适而且排他的环境，不会与其他人群挤在同一个空间。注意，参差书屋有严格的会员规则，对会员是有要求的，需要会员共同遵守规则来保护大家共同的利益，会员从产品和服务的优质优价上得到了实惠，就会持续支持参差书屋，于是低毛利政策就可以持续。稍微算一下会员就会得出结论，交纳了会员年费后，不仅消费品质得到了保障，一年下来也省了不少钱。至于受益的第三方，就是艺术家们，我们可以从会员年费里拿出固定比例，用来支付艺术家们的演出费用，持续的！这样的持续，当然是会员和艺术家们都受益了。

归根结底，一句话就可以说出开市客模式和参差书屋模式

的共同特征，那就是，一群睿智理性的高素质人群达成了一个共识，用交纳会员年费的方式，雇用一群专业的人为自己持续提供优质的产品和服务，这个高素质群体越庞大，未来我们也就能够请到更为专业的人才，提供更好的产品和服务——优质优价。

今天无意间又看到了这个“十大奢侈品”排行：①信仰和理想；②真诚和慈悲；③质朴和童心；④品德和责任；⑤快乐和健康；⑥魄力和信心；⑦睡眠和假期；⑧胸怀和心态；⑨良知和道德；⑩经历和故事。这个排行榜的出处我不知道，但非常喜欢。我常常自夸这辈子花钱最不犹豫的只有两个出处，一是书，二是机票。是这两样东西帮我换来了上述“十大奢侈品”的绝大部分。但普通意义上的奢侈品我好像一件也没有。8 年前我把车卖了，2020 年我把房子也卖了，现在只能守着参差书屋和极有可能被很多人嘲笑的上述“十大奢侈品”度过余生了。

“魄力和信心”被作为奢侈品我尤其认同。这次逆风而行开参差书屋当然就是一种魄力。很多年前，当很多人在议论方所书店是否纯粹的时候，我也认为情怀需要资本滋养，而且就应该被资本滋养。可是，现在方所、言几又都纷纷关门的时候，我一无资本、二无后台，竟然开起了参差书屋，还扬言要把参差书屋开到全国，信心何来？其实，信心就来自我始终相信，总有那么一些人不甘于被动地接受现实，他们想要更有品质的生活。当求真、求善都变成一种奢侈的时候，求美还是有一些机会的。

别怕美好的一切消失，我们先让它存在。——王小波

用审美改变生活——这就是参差书屋的经营理念之一。而我所谓的信心在于，美，就在那儿，我们只需要放弃一点点世俗的奢侈品就可以触碰到，感受到。当然，这需要一个平台，就是参差书屋，还需要一个有童心的人去牵头，那就是我。

在我的第一本书里，我就写过——童心是天赐的智慧，一旦丢失了就再也找不回来了。现在开参差书屋，算是所谓的知行合一吧。做参差书屋，需要魄力和信心，也需要一颗童心！

参差书屋其实是你们的

2011年，我在光谷世界城步行街接手了一间200平方米严重亏损的书店。它违背了我一直坚持开小店的原则，全是因为一个执念——我想把书和咖啡做一个完美的结合。冲动之下说干就干，改造后的店名就叫“参差咖啡书屋”。之所以敢冒险，除了执念，还因为当时的光谷世界城步行街是附近数十万大学生的逛街首选，我深信他们需要一间有书有咖啡的咖啡书屋。事实证明我的判断是对的，改造后的参差咖啡书屋只用了三个月就开始盈利了，200平方米的店，每天平均接待300人次。为了做好这间店，开业前半年，我每天上午十一点到店里，晚上十一点离开。和现在参差书屋一样，当时我也投入了极大的热情和几乎全部的精力。

要知道，当时的光谷一带开车非常拥堵，我从汉口到光谷世界城步行街每天开车来回需要三四个小时，再加上在店里的十二个小时，每天的辛苦程度可想而知。半年后，咖啡书屋生意稳定了，我减少了到店的频率，毕竟我在汉口还有好几家可以慵懒度日的小咖啡馆。一天，我到参差咖啡书屋做活动，发现店里开业时买的植物几乎都快死光了。我没有责怪当时的店长，因为他曾经多次向我“诉苦”，说生意太好了，他们每天都在高负荷运转……所以浇水这件事总忘。

生意既然挺好，植物死了当然可以换新的，可是我当时想到了另外一个问题：参差咖啡书屋是我办的，我付出了极大的努力，现在却很少能够像我的客人一样待在店里享受一下慵懒，一是太远，二是很多时候店里都座无虚席。那么，这间咖啡书屋是不是仅仅只是名义上属于我，它其实是大家的呢?

于是，我在豆瓣上发起了“共建参差微型植物园”的活动，发动客人用植物换参差会员卡。结果反响非常好，很快就有很多客人送来一盆盆小植物。印象最深的是一位客人发豆邮给我，说她马上就要离开武汉去外地工作了，因为在参差咖啡书屋度过了很多美好时光，她希望走前把自己宿舍里的所有植物都送到书屋，请我们代为照顾。你看，这证实了我的想法，当时的参差咖啡书屋的确是很多人共同拥有的一个公共空间，大家喜欢这个空间，自然也希望这个空间很美很舒适。这样的参差书屋何尝不是，名义上是我的，其实也是你们的。

参差书屋的第一批会员 Hui 说她也有个梦想，开这样一间书屋，可一直没有足够的勇气。于是，参差书屋的出现，她好像间接圆了自己的梦想，很自然地就愿意投入更多的关注和关爱，希望这个空间能永续经营下去，给同类人一个精神寄托和好去处。参差书屋里摆了几盆仿真植物，我也知道当然是真的好，但的确保养不易，为了拍照效果好（美美的照片对传播很重要）才出此下策。Hui看不下去，就自己带了两盆真的植物来。

是啊，一间优质的店一定是由一批优质的顾客滋养而成的。参差书屋开业以来已经获得了会员们的认同，借这个机会，我也想提醒会员们，参差书屋其实就是你们的，是你们每一个人的。书屋一直经营下去，大家就有这样一个美好的空间可以一直共享下去。

参差书屋对标茑屋书店?

茑屋书店在我心里是明星级的企业，对其充满敬意。前些年游走世界的时候，每天使用谷歌（Google）地图到处乱窜的时候也对谷歌心存感激，它让我不仅可以胸怀世界，还可以实现用双脚去丈量这个地球，只要你想，就可以在谷歌地图的指引下抵达世界的任何角落。苹果的乔布斯也是我崇拜的对象，一部手机可以处理那么多事情，把手机变成了生活必需品，一刻都不能分离，这在我拿到 iPhone 4 之前是想都不敢想的。当然，还有埃隆·马斯克，虽然没有直接使用过他的产品，但我对他的期待，目前来看，是最强烈的，我期待着被他的新能源改变的世界。

多年前看过一本书《人类群星闪耀时》，虽然对里面的一些观点不全都赞同，但当时对《人类群星闪耀时》这个书名非常喜欢，因为在我心里也有一串人名，如果不是这些人孤独地仰望星空，人类不知道还要在泥泞里匍匐多久。也许等我再老一点，我也可以写写我心目中的《人类群星》。在参差咖啡梦想学校给学员们上课的时候，我常常提醒大家，我们要心存感激，因为我们每一个人都活在前人的梦想中。这也是我为什么要酸溜溜地在咖啡学校中间非要加上“梦想”两个字的原因。

施比受有福，我们时刻享受着前人的恩惠，何不也给自己一个梦想，让他人因为我们的梦想成真而受益呢。一间小小咖啡馆只是名义上属于我个人，受惠的会有很多人。全国各地 3000 人以上参差学员店，按每间店平均每天接待 25 人计算（这是我十多年前“就想开间小小咖啡馆”的梦想），现在，每年可以有近三千万人次，在全国各个城市的各个角落找到一小块栖息之地。村上春树说过，如果一座城市没有愿意开咖啡馆的人，那这个城市无论多繁华，都只是一个内心空虚的城市。也有人说，村上春树说的其实是小酒馆。无论是咖啡馆还是小酒馆，总之，我因为一直抱着心存感激的想法，最后竟然也做了一件有类似效果的事情，这辈子觉得挺值的。

这次筹备参差书屋，初衷未改，如今年过半百了，是时候做点惠及同龄人的事情了。因为之前去过东京和大阪的茑屋书店，体验感非常好，于是在策划参差书屋的时候，买了三本市面上找得到的关于茑屋书店的书，希望进一步了解和学习。一看才知道，茑屋书店在日本拥有近六千万的会员，这可是日本差不多一半的人口啊！不仅如此，最让我佩服的是，茑屋书店十年前还做了一件极为了不起的事情——他们被武雄市一位年轻市长的真诚打动，接受邀请，接管了武雄市利用率低下的市立图书馆。茑屋书店重新设计图书馆，全面改造，对藏书的展示方式也进行了调整，并延长了开馆时间，取消了一年 34 天的闭馆日，同时在馆内开辟了星巴克区域，让到访者可以一边品尝咖啡，一边翻看图书馆的藏书。最后的效果是，不但当地人对图书馆的利用率大增，还创造了 13 个月造访人次破 100 万的纪录，成为日本中小城市中一年造访人次达 100 万的三处公共设施之一。可大家知道武雄市有多少人口吗？五万人！人均年到馆次数 20 次左右，可见有不少市民是每周拜访一次图书馆。是的，你没有看错！如今，这家图书馆已经成为武雄市居民的一个骄傲。显然，这家图书馆提升了城市的活力和创意能力……

茑屋书店的创始人增田先生说，自他的 CCC 公司创设以来，其存在意义就是建设“文化基础设施”。太喜欢“文化基础设施”这个提法和野心了。他们公司的名字是 Culture Convenience Club，顾名思义，就是一个“让文化触手可及”的执行者。在日本，遍布全国的茑屋书店不就是日本社会不可或缺的基础设施嘛。增田先生还说，在今后的社会，被称为基础设施的并不只是公路、自来水和输电线，电影、音乐等文化也将成为人们生活中不可或缺的基础设施，这就是茑屋书店所要提供的。

我知道了，茑屋书店绝不仅仅是一家卖书的书店。增田先生自己也承认茑屋书店卖的是“生活方式提案”，书、杂志和音乐，甚至电器等都只是提案的载体。而茑屋书店在日本大行其道的根本原因，还在于其策划能力。增田先生说过，始终把自己摆在一个不做策划就无法生存的位置上，而之所以能够想到立足点和方向都与众不同的策划，“这问题的答案很简单，只要站在顾客的角度思考问题即可”，也就是始终站在“顾客价值”的角度看问题，而策划的价值就在于“该策划是否能增大顾客价值”。从书里看到这些话，我当时心里是多么希望未来的参差书屋能够被对标成中国的茑屋书店呀，因为这也都是我们参差书屋想做的事情啊！而且，我和这位增田先生思考问题的方式和方向几乎是一致的。

可是，在深入研究之后，尤其是参差书屋样板店开起来之后，我却产生了疑虑。首先，我实在没有增田先生那样的野心。对“文化基础设施”的提法喜欢归喜欢，可没有这个胆子做此妄想，毕竟，我还没有资格涉足基础设施这么宏伟的事情。其次，茑屋书店的母公司 CCC 其实并不是一家重资产的实体企业，它是一家拥有大数据的轻资产策划公司。它通过成熟的创意运营和大数据，让包括加油站、药妆店、酒店在内的诸多企业加盟，加盟企业的销售分成，才是 CCC 经营和盈利的底层逻辑。茑屋书店只是 CCC 最直接的窗口，那近六千万的会员可以享受的增值服务远不止于茑屋 书店。用中国人喜欢的说法，这可是一盘大棋啊。

从当初《就想开间小小咖啡馆》的书名就能看出，我是一个胸无大志的人，走到今天，我一直觉得是被市场倒逼的。这次开参差书屋倒是有所预谋，但是只想完成一个目标——全中国超过百万人口以上的城市都有一间参差书屋，超大城市最多三间，这样下来，能够想象的最高数量应该是五百间，会员数量嘛，六十万，或者四十万也很好了。因为要写这篇文章，又查了一下茑屋书店的近况，吓了一跳，茑屋书店不仅已经进入中国，落地杭州、上海、成都等城市，还提出了在中国的千店计划，武汉的茑屋书店好像也正在装修，不日将开门迎客。所谓吓了一跳，当然不是因为茑屋书店已经进入中国市场，浇灭了我对标茑屋书店的企图。我惊讶的是“千店计划”，这一看就是本国人的做法呀！还是即便睿智如增田先生，面对中国市场都逃不过诱惑？中国幅员辽阔，尤其是人口众多，只要是个知名品牌想到要复制，都喊着要千店起步。在我看来，这就像诱惑。当然，茑屋书店有可能不一样，它在中国的扩张几乎可以肯定是用特许经营的方式展开的，对茑屋书店的母公司来说，财务安全应该是有保障的，我担心的是未来的可持续性。从茑屋书店在日本产生的社会效应看，我当然希望它能够在中国也产生同样的效应，能力大责任也大，茑屋书店想做的事情如果做成了，作为一个有同样梦想的人当然会拍手称快，只是，这么一个宏伟庞大的计划，如果中国人只是把茑屋书店当成一个网红店呢？这可不是我瞎猜的，我在网上已经看到了不少这样的评论和一样的担心。

在看到茑屋书店的千店计划之前，茑屋书店绝对是我的榜样和偶像。现在，除了继续关注和祝福，我其实有点开始为它担心了。所以，如果有人从文化属性上把参差书屋对标茑屋书店，我仍然会深感荣幸，毕竟，除了店的规模大小有天壤之别外，我们的确有很多相似的地方，尤其是初心。但是，从商业模式看，茑屋书店其实只是母公司 CCC 打造的一个生态的重要一环，远不止一间书店那么简单。而参差书屋则简单得多，我们只想开一间有书、有咖啡、有牛排、有演出的公共空间，我们预先设定好的目标人群，其实很小很小，小到我们正好有能力确保做好那些我们想提供的产品和服务。

和茑屋书店还有一个共同点，就是参差书屋也会做特许经营，尤其是基于“增大顾客价值”这一共同诉求，只有特许经营才能够迅速地把参差书屋复制到全国各个城市中，尽快实现顾客价值及顾客价值的增值，也就是参差书屋会员价值不断增大。如果我们做到了第一步，茑屋书店有一个做法，我们一定要学——那就是和更多商家合作，让参差书屋的会员卡也能够在其他商家享受到优惠和服务。到那时，参差书屋也成了一个个窗口。毕竟，我们好不容易聚集来的优质会员，也是无数企业垂涎的目标。当然，我们会谨慎再谨慎，严格审核，杜绝任何我们认为不合适，会员也不喜欢的企业。

第四章

叁

差书屋怎么做

参差书屋为什么让人待得住?

参差书屋走的是轻装修、重装饰的路子，这个思路大家都懂，也都认同和接受。具体到开店要怎么做呢?我在《开店有讲究》这本书里反复强调，“千万不要为了装饰而装饰”。如果没有好的思路，宁可不做装饰。什么是为了装饰而装饰，看看那些三星级酒店和快捷酒店就知道了，装饰画肯定是不会少的，但客人是肯定没有感觉的，更不会为它们举起手机拍照。

“让客人举起手机”这一点非常重要。我的想法其实很简单，一个空间里的装饰品是要花钱买的，既然花了钱就要有效果。而检验有没有效果的最低标准就是客人会不会为了你的装饰品举起手机拍照。要知道，很多客人拍照后一定会去使用这些照片，怎么用?当然是在朋友圈、微博、小红书等社交平台发布，这不就是在帮忙宣传吗?参差书屋的很多新会员都是因为在朋友圈里刷到了参差书屋的照片才开始关注书屋，进而成为会员的。

像书屋这样的空间，我们的目标人群素质高、见识广，装饰品太过平庸也许会起到反效果，遭到鄙视。可装饰品追求高大上又不符合我们的价值观，也和我们追求平价的模式、控制好投资的思路相冲突。有人可能会说，要不干脆走北欧风、简约风，少装饰，甚至不装饰。不行！参差书屋是有经营理念的，理念这东西可以通过文章，通过对话交流，通过电影、短片等形式来传达，但需要别人给你机会，愿意花时间看你的文章、听你唠叨。实施起来，难度较大。那么，参差书屋既然花了钱来装饰，为什么不用这些装饰品来传达理念呢？装饰品一旦上了墙，摆到了固定的位置，会员们就无法回避，这些装饰品无时无刻不在传达着你想传达的某些理念，装饰的钱并没有白花。

到底什么东西能让会员觉得新奇、美观，愿意举起手机拍照，而且还能传达我们的理念呢？首先，它们不应该是传统的装饰品，比如快捷酒店喜欢用的那些装饰挂画，就是我前面诟病的为了装饰而装饰。

参差书屋走的装饰路线一定是不按常理出牌的，不仅要用非装饰品来做装饰，还要传达理念。有了这个前提，其实装饰对参差书屋来说就很简单了。

首先，参差书屋既然是一间书屋，书就是最好的装饰品。这里说书是装饰品没有不敬的意思。参差书屋不是传统书店，不需要整屋子摆满密密麻麻的书，一来没有那么多好书，二来书多了其实整个空间会很压抑。有别于传统书店，我们有更多舒适的座位，这样其实是在鼓励阅读。在参差书屋，就连书的摆法，也有自己的标准，我们不仅要让每一本书在被取阅之前都是一种美好的存在，有装饰性，还要最大限度地让我们希望被会员优先注意到的书籍容易被看到封面，毕竟，好的封面设计就是一幅幅优质的海报，至少我觉得非常养眼。

其次，参差书屋和传统书店不一样，我们希望会员能够坐得下来，待得住。因为是会员制，我们不必像传统模式那样非常在意坪效（即每平方米每天所能产生的营业额）。会员愿意在参差书屋舒舒服服地喝咖啡、看书，是我们乐见和感到荣幸的。插个题外话，不知道读者们有没有注意到，或者是有没有意识到，现在即便是爱书之人，有阅读习惯的人，也很难在家里好好看书了。这里靠一下，那里靠一下，书没看几行，时间一晃就过去了。当然个别少数特例除外，咱们不抬杠。反正我自己就是这样的，至少是在家里读书效率很低。已经很多年了，新书基本都是在咖啡馆、机场候机楼、飞机上、高铁上，这些公共空间里高效读完的。现在的人为什么会这样，不是本文探讨的话题。但既然有这样的现象存在，参差书屋作为一个公共空间，想要鼓励阅读，环境就显得很重要了，至少要非常舒适，让人待得住。

于是我们想到了树。20 岁的时候我去过神农架探险，回来之后写了一篇文章《神农架——我的精神家园》，大概意思是，我当年之所以对神农架着迷，非要冒险去一趟，去了之后还非常感动，除了对大自然的美感到震撼之外，还有一个原因是我认为，我们人类不就是从丛林里走出来的吗？城市就是一群人寄居的、相依为命的、人造钢筋水泥的共同体，森林才是我们真正的故乡。所以，参差书屋除了书以外第二重要的装饰品应该就是树，不是小小的绿植，是树。我们的理想状态是，会员坐在参差书屋里喝咖啡、看书，要有坐在树林里的感觉。

按理说，有了书和树，其实参差书屋里就不需要什么装饰了。但是，我们对参差书屋的期待还不止这些。以我自己为例，我觉得我们的目标人群，也就是所谓的“黄金一代”，绝大多数对音乐、电影、文学、旅行是有情结的。我一直不厌其烦地在很多场合提到，有品质的美好生活一定是由细节和对细节的美妙感受构成的。于是，音乐就成了参差书屋也不可或缺的重要元素。参差书屋开业以来，每个周末的两场音乐演出，已经成了会员们的共同期待。音乐演出的形式，有古典的，有现代的，有流行的，有西方的，也有本土的。多年前曾经有人问我，什么是高级的音乐，我当时脱口而出——只要能够触动心灵的音乐，都是高级的，不论它来自哪里，是什么形式。这不，下个月参差书屋就会安排昆曲和京剧专场，预告出去后，会员们都很期待。而且，为了不让音乐演出变成佐餐的背景和唱堂会，参差书屋并没有像某些演艺餐厅那样布置一个专门的舞台，演出时间也都安排在晚餐之后的八点开始。我们的目的很明确，参差书屋的演出是要有欣赏性和教育性的，会员们理应给予演出者充分的尊重，同时，我们也请求演出者在演出过程中对所演出的作品做一些讲解。事实证明，这样做的效果非常好。

我们的第三种装饰品——各种乐器，小提琴、大提琴、萨克斯、小号、吉他、鼓、落地的大贝斯。这些乐器的出现，不仅让会员们对参差书屋的音乐属性一目了然，甚至还“撩拨”起了很多会员想要学习某种乐器的冲动。于是，如何让这种冲动变成开始学习某种乐器的行动，也成为参差书屋未来的运营目标了。品质生活既然由细节和对细节的美妙感受构成，那就一定离不开学习，不仅学习知识，当然还可以学习技能。而且，只要开始了，什么时候都不晚。

说到技能，就要谈到参差书屋的第四种装饰品了。参差书屋的第四种装饰品就是与技能有关的工具。工具也能当装饰品吗？当然可以。只不过参差书屋里的工具墙上面排列的工具，不仅可以起到装饰的作用，还都是可以使用的。而且，我们希望未来会员们都有机会来使用这些工具。也就是说，我们除了要“撩拨”会员们学习乐器，还准备“勾引”他们学习一些其他的动手技能，比如缝纫、木工、陶艺、皮雕，等等。至于我们为什么要这样规划，篇幅太长，我会用另外一篇文章专门解析。现在，参差书屋的工具墙已经引来很多会员的好奇，当然也会忍不住举起手机拍照。有好奇我们自然就有了解释的机会，我们的目的也就达到了。从长远来看，把工具作为装饰品所传达的理念，很有可能对我们的目标人群来说，是最有建设性的。

参差多态乃是幸福本源，没有谁规定乐器和工具不能做装饰品。目前来看，我们这样做的效果是非常好的，以这几种装饰品为线索，参差书屋的运营内容丰满、充实，而且可持续。至于树和书营造出的在树林里喝咖啡看书的环境，应该不是每一个会员都有条件在自己家里实现的，于是，常常来参差书屋坐坐的理由就来了。注意，因为是会员制，会员们不必因为坐太久而觉得不好意思，在参差书屋里，会员坐得越久越会受到尊重。坐饿了，参差书屋还有好吃的噢。

规则的意义

很多年前看过一本书《布尔乔亚的噩梦》，是美国城市和区域规划史图书里的最佳图书。我不是地产开发商，但看这本书的原因忘了，大概是为了打发时间，满足好奇心吧。这本书里有个案例让我印象深刻，我跟不少做地产的朋友讲过：故事发生在 100 年前的美国，某开发商盖了一片别墅，赶上了经济萧条，房子卖不动。开发商很着急，但他又极有个性，房子明明是买方市场，他却坚持要在楼盘前竖起一个大牌子，就像经典电影《三块广告牌》里面的大广告牌一样。《三块广告牌》这部电影是 2017 年的一个惊喜，在我心目中，它不输给那一年的另外一部好片《华盛顿邮报》。

回到故事。在广告牌上，这位地产开发商罗列了十条卖房的限制性条款（LIMITED），比如，养宠物的，不卖；不喜欢这里所有别墅都是白色屋顶的，不卖；等等。还有些条款我记不得了。反正，结果是，广告牌竖起来之后，原本滞销的房子被一抢而空。这一现象惊呆了当时的地产界。这位开发商的限制性条款被很多同行认为是营销奇招，以至于竟然有地产商东施效颦，列出了近千条限制性条款，堂而皇之地竖在自己的楼盘前面。

很显然，这些限制性条款现在看来都是有问题的，这不是我们今天讨论的范畴。我更关心的是，第一个开发商的无心之举为什么成功了。其实道理很简单，就是因为这些条款的排他性。这些排他性条款不但满足了某些人群不敢说出来的某些价值取向，还帮这个群体找到了安全感和舒适感。比如，就是有些人不喜欢散步的时候遇见别人的宠物，住进这个社区就避免了被动地被别人的宠物吓得一惊一乍的风险，住着安心；还有些人可能就喜欢社区的屋顶清一色雪白，干干净净，觉得很舒服……总之，这些限制性条款的好处就是通过排他，聚集了一群同类。本质上也是帮助同类找到了安全感。

前几年，我看到在上海和日本的街头也出现了一些酒吧在门口明示限制性条款——不接待三人以上的客群。为什么？因为商家想营造一个安静一点、适合交谈的空间；有些威士忌酒吧这样做，也是为了有充分的时间和安静的环境来给客人介绍店里的特色调酒。于是，喜欢成群结队大呼小叫的客人进不来，而喜欢这样环境的人，自然就乐于选择这样的空间。据我的观察，这些有限制性条款要求的酒吧，甚至餐厅，生意都不差。当然，这样的店一般都不大。店大，租金高，运营成本也高，就容易鱼龙混杂。其实这是一种恶性循环。由于租金太贵，有很多商业空间靠人流量才能盈利。这样的后果是，即使能够盈利，老板和员工也会非常辛苦，甚至身体严重透支。显然这是不可持续的。

参差书屋是会员制模式，而且要有一些很严肃的规则。比如，在参差书屋禁止吸烟，我们有雪茄烟斗室，想抽烟请起身移步到烟斗室；又比如，参差书屋本质上是成年人的俱乐部，15 岁以下的小朋友，适合他们的地方很多，这里不适合，所以谢绝带 15 岁以下的小朋友来书屋（目前正在考虑是否降到 12 岁，因为昨天有一位 12 岁的小朋友和妈妈一起来的，很礼貌，也很安静，非常赞）；还比如，我个人是宠物友好者，但目前书屋面积不大，无法在门口开辟出一个宠物友好区域，所以，目前这间参差书屋暂时不能带宠物来；再比如，我们精心挑选了很多好书，就是希望大家在无聊或者等人的时候，随手翻看；扑克牌，我们也有，但在这个空间里打扑克，实在有点辜负了这些好书，还会影响到别人，所以，本店禁止打扑克。

更加详细的规则我们还在一边观察，一边完善，在客人决定成为会员之前，我们认真地对客人进行说明和讲解。参差书屋刚开业不久，我们在很多地方都贴了这样一句话——“公共空间，请放低音量”。想必不用我多解释，这个提示和这些条款显然都是想帮助未来的会员营造一个舒适安逸的环境。这样做也是对会员的一种尊重，我们的会员制通过门槛和甄选首先排除了素质不佳、不在乎他人感受的人，其意义就是在保护会员权益。

参差书屋的第一个4、5、6、7

以下其实是参差书屋微信公众号的一篇推文，是参差书屋从纸上谈兵的规划设计，到真正开始实战运营的第一次对外发布。效果如何，文末会告诉大家。看到这里，可以停下来休息一下，如果还没有关注我们的公众号，请拿出手机搜索“参差书屋”并关注吧，谢谢！

经过一个多月的筹备，参差书屋已经有点模样了。装修过程中忍不住发了一些照片到网上，受到很多人的表扬，虽然还没有完全准备好，但已经每天都有人来这个藏在181创意园三楼的小书屋探班了。既然如此，我们就开始试营业吧！先带大家转一转这个小空间。注意，这里的装饰物只有四种：书籍、植物、乐器、工具，为什么要这样，等开业了，大家再来，可以听我慢慢讲解。

明天周四，非周末，所以武汉资深的吉他手何老师会抽出时间来坐镇参差书屋，带大家来一场“Show Time”！何老师是我见过的最神奇的吉他手，只要你能够哼唱出来的歌，他就会弹，更重要的是，这么有才，他还特别平易近人，愿意为喜欢唱歌的朋友伴奏，引导歌者唱出自己的风格。多年前，我称这种玩法为“考拉 OK”，以强调这种玩法和卡拉 OK 的区别，即大家不用被动地跟着卡拉 OK 伴奏的固定模式和节奏，可以按照自己的习惯和特点来重新演绎一首歌，你甚至可以先唱，然后何老师跟进……这其中最重要的关键词就是“演绎”。这样的玩法，当然要靠何老师的功力，他真的已经帮很多人重新发现——自己的歌其实唱得非常好！

几乎可以肯定，在我们的目标人群里，藏着不少喜欢唱老歌的高手，他们只是需要一个好的伴奏，何老师就是！从这个周四晚上八点开始，我们先试一试，如果大家喜欢，我们想把每个周四定为参差书屋的“Show Time”时间，欢迎有潜质的朋友每周都来畅快一下！

后天周五，辛苦了一周去哪儿坐坐呢？在武汉这座钢筋丛林里，有一支都市民谣风格的乐队，两个人、一把木吉他、一只十孔布鲁斯口琴、一个干净的人声，就能为您带来最简单、最纯粹的美好。他们是“打卡（DAKA）乐队”，核心成员是啊哈（AHA）和洛克（ROCK）。他们一直行走在这座城市里，希望用音乐彼此关联，创造最好的时光。所以，如果您正好不知道周末晚上到哪儿去放松一下，那就来参差书屋打个卡吧！

周六，继续安排有分量的！说《汉阳门花园》是武汉的市歌应该不过分吧，而它的词曲作者和演唱者冯翔，听说过但没见过他的武汉人肯定是绝大多数。想见见冯翔老师，面对面听冯翔老师用武汉方言唱歌吗？周六晚上，来参差书屋吧，晚上八点，冯翔老师亲临参差书屋，除了那些大家熟悉的歌，还有你肯定没听过，也不可能在外面听到的冯老师的私藏方言歌！这才是重点！

最后，星期天下午三点，如果你错过了前面三场活动，周日下午正好有时间，不妨移步来参差书屋。参差书屋的第一场读书会，主题是《余波未了》，是我2017年为了纪念王小波先生离世20周年而写的，由广东人民出版社2020年出版。一杯咖啡一本书，我来跟大家聊聊参差咖啡，参差书屋和王小波有什么关系……

现在的人都不愿意看长文章，所以推文必须简明扼要。书屋第一次连续四天的活动安排都是用了心的，让我们来看看推文背后的故事。

周四的“Show Time”是经过市场验证的玩法，而且是我差不多十年前“发明”的，我清楚它的吸引力。因为这种玩法有技术含量还很亲民，既可以显出我们的实力，又不会让初来者感到参差书屋太“高大上”、有距离感。事实证明，我们的客人里确实有喜爱唱歌又很会唱歌的高手。因为这类活动，我们聚集了不少民间高手，参差合唱团现在也已经开始筹备了。

周五的安排，有一定商业考量。因为这对组合在武汉小有名气，他们去哪儿演出都会有一群热情的粉丝跟随，参差书屋新开业，喜欢音乐的人群我们当然欢迎，而且他们的水平和风格都符合参差书屋的要求。事实情况也如此，他们演出当晚，书屋是满员的状态。因为演出效果非常好，第二个月，我们又邀请了他们一次。而他们的粉丝里，已经有好多人成了参差书屋的会员。

周六的安排，可以说是参差书屋亮相首周的重头戏。冯翔先生不仅被称为“武汉的城市名片”，在全国还有一定的知名度。安排冯翔先生的用意是想告诉潜在的会员们，未来参差书屋的演出规格是没有上限的，在这里碰到世界级的著名艺术家也不用惊讶。因为，这些艺术家们其实把商业行为和个人兴趣分得很清楚。大型商业演出收取昂贵的费用，在商演生态里是合理的，但在参差书屋这样的场合，面对小众的高素质人群，他们不仅有浓厚的兴趣，而且可以不谈钱，至少不是非钱不可。之所以这么肯定，是因为冯翔先生就是这样的艺术家，而且我们共同认识很多有同样想法和做法、非常著名的音乐人，他们来自全国各地，甚至世界各地。

冯翔先生在武汉的知名度足够高，听过歌没见过人很想见见他的武汉人大有人在，所以，周六参差书屋再次爆满。每场活动的开场和间隙，我本人都会客串主持人，主要是找机会讲解参差书屋的模式，即在试营业期间，我们欢迎目标人群都来体验，享受会员才能享受的产品和服务。在参差书屋里没有什么会员价和非会员价，大家如果觉得我们的产品和服务优质，价格还低得这么离谱，自然就想成为会员。大家猜猜看，我每次做完这样的讲解广告之后是什么效果？如果是你所在的城市有这样的空间，你会动心吗？

最后，说说周日的参差读书日，这是参差书屋的本分，虽然我们志不在卖书（后面会有专门的文章解释为什么），但是作为书屋，我们当然要鼓励阅读，同时为喜欢阅读的客群准备好我们能够找到的好书。参差读书日的功能主要就是分享好书、推荐好书。作为参差书屋的创始人，过去10年，我总共出了5本书，推荐自己的书虽然略显功利，但起码驾轻就熟，也可以理解成抛砖引玉吧。观察了一下来参加读书日活动的人，首先他们肯定都是有读书习惯的人，对我这个作者其实也有一点好奇，毕竟我出的书都还算畅销，内容也多少有点道理。而我作为读书会的主持人，自然也希望会员和潜在会员对我多一些了解，毕竟相同的价值观是聚集目标人群的一个最大公约数。和其他商业模式不一样，我们无意通吃也做不到通吃，所以尽早挑明我们的价值观，吸引到的认同者就会成为我们的忠实会员。虽然这样的人在中国社会不是主流，但就他们这群少数人就够了。事实也证明了我的分析和预判，读书会既是参差书屋的常态，也是参差书屋的一个重要的试金石，一个非常有效的工具，能帮助参差书屋甄别优质的会员——有共同价值观的人群。

开业以来连续每个周日的读书日，我们都会提前预告要分享的书籍。未来，参差书屋的读书日会一直办下去，一年52周，就是52本书，全部由我来推介没有新意，这个工作完全可以社会化。我们的会员素质都非常高，在我抛砖引玉之后，已经有会员自告奋勇希望自己做推荐了。未来，随着优质会员越来越多，我们不仅要发动会员在参差读书日来分享他们认为的好书，还可以组织会员分享他们特别想推荐和分享的好电影、好音乐、好观念，甚至好厨艺、好手艺。总之，分享是会带来快乐的。施比受有福的道理其实很多人都懂，也有体会，只是苦于没有好的平台、好的对象，现在好了，参差书屋就是！

复合经营的趋势和合理性

十多年前，我曾在《就想开间小小咖啡馆》里指出，当时市场上绝大多数的咖啡馆都是“伪咖啡馆”，因为它们的主要收入来自诸如煲仔饭一类的各种简餐，咖啡在这样的咖啡馆里并不被重视，其占到营业额的比例也远低于百分之五十。当时，我呼吁市场上急需只卖好咖啡的更纯粹的咖啡馆。这种极端看法放在当时没问题，毕竟，当时的租金和人工还不算高，只要控制好成本，店不要太大，只卖咖啡是完全可以实现盈利的。参差早期的咖啡馆都是这样过来的，顶多再卖一点自制的甜点，一间小咖啡馆在那个年代经营起来其实挺轻松的。

如今，十多年过去了，店面租金和人工已经是之前的好几倍了，追求纯粹的咖啡馆，单纯只卖咖啡的底气，我已经没有了。当然，如果你的店足够小的话，比如几平方米的小店，再辅以来自网络的外卖，只卖咖啡还是 OK 的。

一晃《就想开间小小咖啡馆》一书出版已经十多年了，如果要出版一本十年纪念修订版的话，我会修正当年的说法，开始接受甚至鼓励复合式经营。记得2015年我在纽约路过一间店，店铺是狭长的长方形，门脸不宽，有四五米，纵深三十多米。这间店临街的部分在卖咖啡，再进去，卖花，再往里走，最里面是个卖书的空间。想起这间店是因为，咖啡，花，书，这三种产品的复合经营，其合理性十分明显：咖啡在纽约是刚需，可以引流，咖啡客人里当然有喜欢花、需要花的人，而最里面最安静，适合阅读。如果反过来，最外面是书店，最里面卖咖啡，那就不合理了。

这个例子只是个几年前我在国外偶遇的复合经营的个案，但诚品书店和茑屋书店的复合经营模式大家应该更熟悉。前几年中国有大量的书店模仿诚品书店，在资本的推动下他们疯狂扩张。我当时其实挺替他们着急的，因为，在我心里，虽然都是复合经营，但很明显茑屋书店的复合经营模式更值得借鉴，而诚品书店可以被模仿，但很难被复制。可是国内这些资本推动的大书店恰恰学的是诚品书店的经营模式。为什么我觉得他们学错了对象呢？接下来我试着分析一下这两个代表品牌的复合经营模式。

诚品书店的故事很多人应该也都听说过。一位热爱文化的厨具商人，用他从厨具生意上赚来的雄厚资金，硬生生亏钱养了诚品书店十多年。十多年里，他们在诚品书店举办了无数次文化活动，最终奠定了诚品书店文化地标的地位，聚集了大量的文人和文艺青年。而诚品真正开始盈利，靠的正是向这些聚集来的文艺青年销售文创产品。据我所知，由于台湾文创的实力不俗，竞争激烈，以至于文创公司都希望在诚品书店这个文化地标里面占有一席之地，即便诚品向文创公司收取的产品销售扣点高，大家仍然趋之若鹜。诚品的强势，原因很简单，即你的产品能够进我诚品，是具有背书和广告效应的，因此文创公司默认被高额扣点，其思路也很清晰，产品出现在诚品能够获得江湖地位；想赚钱，在扩大产品知名度之后靠别的渠道吧。

在我看来，诚品书店靠文创产品的销售提点最终获利，是在十几年亏损“养鱼”的基础上实现的，这显然是别人很难复制的，一般人亏不起。而所谓资本、风投，则更加急功近利，另外，长时间“养鱼”的气魄、经营者的水平、人才储备，都是一般公司无法超越的。当然，也包括文创公司的整体水平和消费者的接受度。然而，我觉得诚品和文创公司达成的这种表面上看起来合理的默契，其实是有严重漏洞的。“羊毛出在猪身上”是前几年互联网经济津津乐道的神话，我其实一直都不认同。在我看来，诚品书店经营的是一个空间，需要有自己的核心产品来产生合理的毛利去提供房屋租金和人工，进而实现盈利。可是，现今看来，文创公司在诚品不但产品赚不到利润，还要自己出柜台和人工费用，长久下去这是不合理的。当然，可能有相当长的时间诚品不需要太担心，毕竟下一个文化地标没那么容易出现，而且总是会有文创公司想利用诚品来打知名度，这批走了，还有下一批。但是，假如经济下滑，或者出现像新冠疫情这样的不可抗力事件，文创公司会不会越来越趋向转战网络销售平台呢？会不会因为某个契机一去就不回头了呢?

事实上,诚品书店后来的走向有心人应该注意到了,诚品书店开到了苏州,做起了地产。而那些模仿诚品,想靠书籍和活动聚集文艺青年,进而销售文创产品实现盈利的连锁大书店,结果都不太妙。在我看来,这些诚品模仿者从一开始就是在“背着氧气瓶”奔跑,看起来似乎生龙活虎,不停地飞奔和壮大,而明眼人知道,其实他们一直都处在半死不活的状态——投资越来越大,店越开越大,越开越多,越开越漂亮,活动也遍地开花不停地办,可是文创产品的销售却一直都不理想。这种状况下,一旦资金链断裂,最终“断气”是必然的。因为,诚品书店不可复制。

当我 2017 年第一次走进东京代官山茑屋书店的时候,我心里就给国内那些当时正在疯狂扩张的大连锁书店判了死刑。很遗憾,他们真的学错了对象,他们应该学茑屋书店啊!你看,台北的诚品书店,也有卖咖啡的角落,真的只是个咖啡角落,面积小小的;可是在茑屋书店里,直接就是星巴克啊!在大阪的茑屋书店里,星巴克的面积占了相当大的比例。试问,是星巴克的消费频次高还是诚品文创产品的购买频次高?前面说过,经营一个空间需要有合理毛利的核心产品,星巴克虽然不是茑屋书店的自营产品,但其知名度和声誉足够,茑屋书店的这一招简直令人叫绝,比自己规划出面积自营咖啡要合理得多!而且,和诚品书店对文创公司的条款不一样,茑屋书店不可能对星巴克收取高扣点,但是,没有高扣点,星巴克肯定也能够给茑屋书店带来可观的收入。这就是茑屋书店的决策更为聪明之处。

在茑屋书店里也有文创产品柜台，比如眼镜，甚至皮鞋修理。但茑屋书店最让我心悦诚服的是，书店里还安排了餐厅，面积一点也不小，利用率还非常高。不论是在东京还是大阪的茑屋书店，每次我都会待上半天，至少四个小时以上，因为有吃的，而且还很不错，如果餐厅客满，不要紧，我可以边看书边等。在大阪的茑屋书店里，还有一间贴心的吸烟室，让我这个烟民更安心。总之，诚品书店可能是因为年代的原因，还停留在“书本位”。所谓“书本位”，就是我们是一间书店，咖啡只是顺带做做，卖吃的，还是算了吧。而茑屋的超越是在观念上的，茑屋没有被“书店”两个字束缚，一切都从目标人群的需求和体验感入手，这才是真正的、彻底的复合经营。

所谓复合经营，就是要打破吆喝什么就只卖什么的传统观念，为好不容易聚集来的目标客群提供更多的产品和服务，店面租金没变，虽然人工有所增加，但客单价有可能大幅提高，从而带来更多的营业额和利润。其合理性在于，随着店面租金和人工的不断上涨，商品的零售价通常并不可能马上随之同步上涨。因为消费者相对于经营者来说是绝对的大众，说服大众接受涨价是困难的，强行涨价会导致大众去选择不涨价的商家。因此，想要控制经营成本的上涨，唯有充分利用现有空间，增加产品和服务。民以食为天，为好不容易赢得的顾客提供食物的供应，看起来是最应该被优先考虑的，也是合理的。这就是第一间参差书屋样板店一定要有一个厨房的原因。

可毕竟参差书屋是个有书香的空间，所以我们只能选择不用大动烟火的西餐，并且在众多西餐品种里面特别主推牛排。原因如下：第一，参差书屋到底不是一个西餐厅，出品空间不会太大，不可能去经营品种繁多的西餐，只能突出重点；第二，大家应该还记得当年“台塑牛排”“王品牛排”等一些专营牛排的店曾经风靡一时吧，现在这些店好像大多不在了。我的理解，在中国专营牛排，生命力是要受到考验的。并且专业餐厅的人员配置也专业，反而很难做复合经营，而参差书屋因为从一开始就作出规划，所以可以；第三，增加牛排对书屋来说相对简单可行，还符合参差书屋为会员提供优质优价的产品和服务的宗旨，我们只要严格挑选消费者能够明显体验到食材差异的优质食材，再用最先进的设备严格按照标准作业程序（SOP）操作，就能保证出品质量，而这个产品非牛排莫属。当然，牛排的单价相对来说较高，这也是可以产生高营业额的原因之一。但不是说好了要替会员着想吗，为什么还出品价高的牛排呢？别急！由于参差书屋是收取会员年费的会员制模式，这导致我们在产品定价上有绝对的优势。根据测算，我们的定价完全可以做到市场同类产品价格的一半，食材越好，市场单价越高的产品越划算，会员们不仅享受了优质美食还省了更多钱。最后，主推牛排还有一个好处是，牛排毕竟不是“中国胃”的首选，客人来尝鲜的频率不会太高，这样既避免了书屋因为牛排优质优价而成为一家打着书屋旗号的西餐厅，又能保证有合理的营收。

啰唆了这么多，我的心里话是，会员们不要把参差书屋只当成书店或者咖啡馆，牛排其实也是参差书屋的主打产品之一。我们希望通过这篇文章帮助会员们确认一点，那就是，参差书屋是会员们共享的公共客厅，只要不是有违和感的产品和服务，这里都可以提供。试想一下，手持参差书屋的会员卡，到全国各地的参差书屋都能以市场价一半的价格品尝到世界顶级牛排，喝一杯世界顶级咖啡，还能欣赏到当地文艺高手们的高水平演出，夫复何求！我在这篇文章标题里指出复合经营不仅合理，还是趋势，茑屋书店在日本已经成功实践了这一趋势，在中国，就由参差书屋来践行和验证吧！

只有会员制才能让你喝遍天下最好的咖啡

15 世纪以前，咖啡长期被阿拉伯世界垄断，仅在伊斯兰教国家间流传。16、17 世纪，咖啡以“伊斯兰教”的名义传入欧洲，这种充满神秘色彩、口感馥郁、香气迷魅的黑色饮料，很快就受到欧洲贵族士绅的争相竞逐，咖啡的身价也跟着水涨船高，甚至一度有“黑色金子”的称号。而“黑色金子”在接下来的大航海时代经由海运传播，全世界都被纳入了咖啡的种植和消费版图。咖啡只经历了三波全球范围的浪潮，业内称为“咖啡浪潮”。

真正的第一波咖啡浪潮应该是在第二次世界大战时期，美国军队为了帮助士兵们抵御作战时的疲劳，把咖啡当成军需品送到了世界各地。而 1938 年由雀巢咖啡发明的速溶咖啡，正是在这一时期得以迅速崛起和普及。可以说，在世界范围内，人人都能喝得到喝得起速溶咖啡是第一波咖啡浪潮的特质，而速溶咖啡就是第一波咖啡浪潮的标志。

第二波咖啡浪潮则是从第二次世界大战之后的二十年开始

的。意大利人用蒸汽加压萃取浓缩咖啡的方法开始被世界各地的人们熟悉和接受，以浓缩咖啡为基础的花式咖啡也开始被人们认知、认可并得到广泛推广。这一时期，咖啡品质良莠不齐，一般都采用深度烘焙，只重视咖啡豆烘焙带来的焦糖感和醇厚度。中国的消费者们总觉得咖啡又苦又贵，应该就是在这个时期形成的。第二波咖啡浪潮中的代表和佼佼者无疑非星巴克莫属。星巴克以连锁的形式在这一时期出现，并持续在全世界范围内风靡二十多年历久不衰。可以说，中国一二线城市的居民参与并见证了咖啡的第二波浪潮。必须感谢星巴克的是，星巴克让咖啡变得“好喝”了，大批中国消费者是因为星巴克才开始真正愿意接触咖啡，并且逐渐爱上咖啡的。

了解了咖啡的前两波浪潮，第三波咖啡浪潮无疑是刚开始不久，并且正在进行中的浪潮。它到底是什么时候出现的，众说纷纭。比较权威的说法是从 2002 年开始。由于美国是世界咖啡消费第一大国，第三波咖啡浪潮主要是指美国的现象。它从 20 世纪 90 年代开始，至今仍在继续。当然，在 20 世纪 80 年代、70 年代，甚至 60 年代，也都能找到这波浪潮的一些根源。如果把第三波咖啡浪潮定义为从 90 年代开始的一次精品咖啡运动，不能否认，同一时期，澳大利亚、新西兰和斯堪的纳维亚半岛也都出现了这一运动的萌芽。

所谓精品咖啡，也称作特种咖啡，精品咖啡是指能够更加细致地品尝到不同风味的咖啡。咖啡从业者开始根据咖啡豆品种和种植区域的微妙区别来定义高品质的咖啡；单品豆（相对于拼配豆)、庄园豆的概念也就是在这一时期被提出来的。并且，咖啡零售业者为了改善咖啡品质，开始介入包括咖啡种植、采收、加工在内的全过程。咖啡种植者、进出口商和烘焙师之间开始保持更紧密的联系和关系；烘焙师不再使用瑕疵豆，开始采用浅烘焙以保持不同咖啡豆特有的风味。更加细致的“微烘焙（microroasting)”开始受到重视并流行。

与此同时，咖啡萃取和冲煮设备的不断创新，各色各样手冲咖啡的方式和器具的不断涌现，以及互联网带来的购物便利，越来越多的人开始网购优质咖啡，在家里就可以为自己冲一杯好咖啡。这些都是第三波咖啡浪潮中伴随的现象。现在，在绝大多数中国人眼里，提起咖啡，第一反应还是雀巢速溶和星巴克，按前面的描述，这就是同时身处第一波和第二波咖啡浪潮之中。当然，也有很少一部分中国的咖啡业者和咖啡爱好者已经和世界同步，冲进了第三波浪潮。七年前，我到美国西岸游历了一个多月，拜访了美国第三波咖啡浪潮的几家代表企业：发源于芝加哥的知识分子咖啡（Intelligentsia)，波特兰的树墩城咖啡（Stumptown coffee roasters)，还有旧金山的蓝瓶咖啡（Blue bottle coffee)。他们的共同特点是注重生豆的来源和烘焙。而且，他们的咖啡门店都不多，和星巴克的数千间连锁不能比。但是他们烘焙的咖啡豆却广受独立小咖啡馆和咖啡老饕的欢迎。他们都放弃了咖啡门店的扩张，却都拥有多个大型烘焙厂，他们通过网络销售和越来越便利的物流，供应风味独特的新鲜烘焙的咖啡豆给独立小咖啡馆，并且都在致力于让好咖啡走进美国的家庭。和第二波咖啡浪潮的代表星巴克不一样，他们的生豆来源通常是直接来自指定的、长期合作的产地咖啡农场。

更有一些烘焙厂在原来“从农场到杯子 From farm to cup”的理念基础上，提出了“从种子到杯子 From seeds to cup”的口号。“从种子到杯子”意味着他们不仅注重咖啡豆的源头，还参与了咖啡豆的种植环节，知识分子咖啡的网站上有这样一段描述：“当大家在家里品尝着我们优质的、风味十足的咖啡的时候，我们的技术人员正坐着红眼航班飞往遥远的非洲，飞往埃塞俄比亚。”OK，问题来了，这些企业投入了比以往要多得多的人力物力去遴选出更优质、更有风味的好咖啡，那所谓的精品咖啡，在美国会不会贵得离谱呢？

其实，并没有。美国是世界第一咖啡消费大国，很多年前有个常去美国的香港朋友形容美式咖啡是“水鬼尿”，意思就是很淡很淡。在好莱坞电影里大家也应该常常看到这样的镜头，在餐厅里，服务员正在用美式滴滤机上能够持续保温的大壶给客人续杯。既然可以无限续杯，说明美国的大众化咖啡都是非常便宜的。原因很简单，就是进口量大，大到可以决定价格。因此，在美国，即使是物以稀为贵的精品咖啡，一杯的零售价格也只在 4 美元左右（人民币 30 元左右），是普通咖啡的三至四倍。

我喜欢咖啡，除了味道之外，的确还有咖啡背后的生活方式和文化。参差咖啡十五年前从十元一杯咖啡开始走到今天，其实背后是有价值观的。当然，随着店面租金和人工的不断上涨，想坚持卖十元一杯无异于幻想，但即便是好咖啡也不能贵到离谱，仍然是我的追求。

非常幸运，参差书屋现在找到了解决办法，那就是会员制。我们现在还是一个小微企业，没有奢望去影响和改变整个市场，但是在我们自己的系统内，靠模式的设计，这一次完全有可能实现精品咖啡保持合理的平价。否则，按中国市场现行的咖啡定价模式，所谓的精品咖啡在中国，绝大多数人很难有福享受。

几年前，有报道揭露星巴克暴利，质疑一杯咖啡卖三十多元到底合不合理。首先，我的态度是，星巴克的定价是市场行为，合不合理消费者说了算，不合理的话，消费者可以不喝星巴克，轮不到任何机构去做道德评判。况且，一杯星巴克的售价不仅包含了咖啡豆、牛奶、纸杯、租金、人工、水电费、宣传费、税费等成本，即便其利润高于其他同行，那也是全球知名品牌的合理议价（的确，星巴克在中国的售价高于美国）。通常，随着本土品牌的崛起，星巴克遭遇到强力竞争后，这一议价能力和空间自然就会下降，看看麦当劳刚进中国时候的售价和现在的售价大家就明白了。

举这个例子，还是想解释，目前中国市场上一杯咖啡普遍卖二十多元，甚至三四十元其实没什么问题。饮品行业的零售定价达到原物料直接成本的 3~4 倍是合理的，因为这里面还包含了租金、人工、水电、税收等杂费以及合理的利润。比如，一杯拿铁的直接物料成本 5~6 元人民币，其合理零售价就是二十多元。那么，参考前面提供的美国精品咖啡的售价，精品咖啡也按普通咖啡的 3~4 倍来定价，那一杯精品咖啡卖 100 元左右看起来也是合理的。倒过来算一下，结果也是一样的。真正的精品咖啡，也就是所谓的庄园豆，产量都很小，中国的咖啡业者需要预订或参与源头拍卖才能获得，一杯这样的单品咖啡成本虽然没有一杯好茶那样夸张，但成本也在 20 元左右（按一杯咖啡使用 12 克咖啡粉计算），特别稀有的，成本三四十元一杯，如果按直接成本的 3~4 倍去定价，一杯精品咖啡的售价的确会卖到 100 元左右。于是问题来了，谁会花一百多元去喝一杯咖啡呢？

参差咖啡有自己的烘焙工厂，我们从事咖啡豆烘焙和咖啡熟豆批发已经超过十年了。但我们从来没有想过要去采购和销售真正的庄园豆，因为即便有些小咖啡馆出于好奇，批发回来一些哪怕是只有 100 克包装的优质精品庄园豆，他们敢标价 150 元一杯吗？上海倒是有些咖啡馆敢，可那是在上海，而且是极少数咖啡馆这样做，一个月能卖出几杯就不好说了。绝大多数情况下，这些顶级咖啡他们都是在店里请老客人尝鲜了，要么就是自己享受了，要想形成批量销售，很难。毕竟，喝咖啡的人群还没有准备好接受一百多元一杯的咖啡，哪怕它们真的有非常独特的风味。

铺垫了这么多终于可以点题了——只有会员制才能让你喝遍天下最好的咖啡！目前，铁了心要在全国推广会员制咖啡馆的好像只有参差书屋，也就是说，以后想要按普通咖啡的价格喝遍天下的好咖啡，就只能在参差书屋了。再啰唆一遍，参差书屋的模式之所以可以让一杯极品蓝山咖啡只卖 35 元一杯，让美式咖啡回归到 10 元一杯，就是因为我们的定价原则是开市客模式的，我们之所以敢打破饮品行业的定价规则，是因为我们收取了会员年费。也可以这么理解，就是在有相当数量的睿智者（会员）达成了一项共识之后，精品咖啡平价销售才有可能实现。当然，这需要会员们都懂得分辨和欣赏好咖啡。不懂也没有关系，参差书屋已经开始在做咖啡品鉴的分享会了，精品咖啡到底好在哪儿，其实喝一次就知道了。

至此，随着参差书屋在全国各地以加盟连锁的方式不断扩张，势必带来一个可喜的局面，我们的烘焙厂将不再指望把精品咖啡豆销售给那些独立小咖啡馆了，我们自己的系统就可以支撑我们去甄选和采购非常优质的庄园咖啡豆。虽然，这一模式设计并不能改变整个市场的咖啡定价模式，不可能实现普惠，但至少参差书屋的会员们可以提前实现精品咖啡自由了，想想就让人兴奋和欣慰！

为什么不是参差书店，参差书屋为什么不想卖书？

日本有茑屋书店，台湾有诚品书店，它们都是我心目中的典范。它们之于社会的贡献，都让人尊敬，是我学习的榜样。可是，从十一年前的参差咖啡书屋到现在的参差书屋，我却都没有选择“书店”做名字，为什么呢？说出来大家别笑话，其实首要原因是我觉得“参差”和“书屋”连在一起念，更好听，更顺口一些。虽然我觉得就这一个理由其实就足够了，但是实际上，还有更深层的原因。

十一年前，在武汉光谷世界城步行街，一间严重亏损的书店托朋友找到我，希望跟我合作，让我在他的书店里卖咖啡。因为一直都喜欢书店，有书店情结，这间书店又处在高校密集和年轻人聚集的区域，所以我饶有兴趣地去书店实地勘察并见了店主。通过考察我发现：首先，店里的书和普通书店没有什么差别；其次，店主之前是做图书批发的。那么，问题就来了，图书的批发和零售在做法上肯定是不一样的，批发的优势不一定能够转换到零售上，尤其是书这种产品。由此我判断这间书店的店主当初恐怕是把事情想简单了，现在有点不知所措了。

于是，我思考了两天之后告诉书店店主："学会制作咖啡不难，我教你没问题，但怎么卖咖啡还是有些讲究的，如果我只是单纯教你制作咖啡，可能会因为你不会卖而于事无补。如果我们合作，我来卖，那未来我采用的方法你不一定能够理解和接受，这就会成为合作的隐患。想要在这间店里实现书和咖啡的完美结合，我觉得需要有大动作，布局、装修、运营都需要做出大的改变。虽然我自己也不敢确定改了之后就一定能扭亏为盈，但至少我有浓厚的兴趣想试一下。在经营过程中我肯定还会想很多主意，并且不断修正。所以，如果是合作的话，估计会出现理念和决策上的分歧，不如，你干脆把这个店让给我吧。"

这间书店每月的店面租金是16000元，从开业至今平均每个月亏损近2万元。我的看法是，即便在这间书店加入了咖啡，不论用什么方式，都不能保证一定能够快速扭亏为盈。所谓的让给我，就是我答应店主，他之前的投入我会以合约的形式保证在一年之内补偿给他。显然，这不算霸王条款，"让给我"之后的投入和风险将由我来承担，而他可以马上止损，回归图书批发的老本行。

我一直就有书店情结，加上从2007年开始到2011年的四年间，我已经开了好几间参差多态的小小参差咖啡馆，个个都经营得不错，当时的确是有点自信心爆棚，很想试一下。想尝试按我自己的方式开一间既有好书，又有好咖啡的咖啡书屋。书店老板非常理性，不仅欣然接受了我的提议，还应我的要求搬走了书店里百分之九十以上的书。关于这一点，我其实很不好意思，但这的确跟我当时的经营理念有关，很重要！我当时的想法是这样的：我想要做一个书和咖啡结合的空间，这个空间不是传统书店，书架所占空间的比例要控制在百分之三十左右，剩下的百分之七十应该是咖啡制作区域和座位区。未来这间咖啡书屋的收入来源比例应该是：书籍销售占百分之三十，咖啡销售占百分之七十。这样规划的理由其实很简单，由于网络销售书籍的低折扣、物流的快捷便利和智能手机的冲击，所以我们必须面对客人即便在你书店里发现了好书仍然会掏出手机到网上去买的现实。实体书店面对这样的现实，只能自己找出路，做出差异化，才有生存的空间和缝隙。比如，网络购书的确方便，其库存的优势是一间实体书店不可比拟的，因此，实体书店不可能在量上动脑筋。但可以从质上动脑筋，从体验感上下功夫，办法总是有的。

我当时的做法是：改造之后的参差咖啡书屋应该是一间有好书的咖啡馆，书不在多在精，2000 本左右足矣。因为这里有精选的好书，爱书之人就省掉了去图书大世界这一类图书量大但良莠不齐的地方浪费时间，可以在我们这里高效地找到心仪的书，坐下来点杯咖啡慢慢确认要不要买，就算最后没有买，他至少消费了一杯咖啡。和传统书店不一样，当时我们把店里的新书塑封全部拆掉，换上了从汉正街淘来的可以打开的透明塑料袋。客人可以随意取阅任何一本新书，看完后再装回塑料袋放回原处就好。当时有同事不理解我的做法，认为绝大多数人都只是翻翻而已并没有购买，久而久之新书都被翻旧了还怎么卖呢？这时候我会告诉同事，如果每一本都被翻旧了，那可是大好事啊！第一，说明我们选的书不错；第二，这些翻书人很可能喝了一杯咖啡，而卖出一杯咖啡显然比卖出一本书赚得多。事实上，店里只有精选的好书，其实也是在选择更优质的客人，优质的客人也会因为店主的用心而对咖啡书屋给予肯定，而肯定的方式就是多来光顾、多推荐朋友来。既然我们是咖啡书屋，客人因为喜欢书，哪怕只是喜欢有书的环境而走进我们的店，都非常好！

很幸运，参差咖啡书屋按我的想法改造了一个月后就重新开业了，真的只用了三个月就开始盈利了，只是书的销售额占总销售额的比例不到百分之二十，低于预期。但是，我们平均每周至少一次的活动，大多是围绕书来开展的，随着这些活动从一开始参与者只有一两个人到每次有三四十人参加，参差咖啡书屋的知名度也越来越高，我敢说，2012 年前后在武汉上大学的大学生，绝大多数都知道光谷世界城步行街有个参差咖啡书屋。

如果不是因为我 2012 年出版的《就想开间小小咖啡馆》意外热销，把我引到了开咖啡学校的路上，没准参差咖啡书屋现在已经遍布全国了呢。归根结底，还是因为我想偷懒，毕竟开全国连锁是要付出更多心力的。如今，十一年过去了，我不后悔放弃全国开参差咖啡书屋连锁而去开咖啡学校的选择，毕竟来武汉学习的四千多位学员中，有三千多人回家乡开起了自己的咖啡馆，因为接受了我的小而美和自雇佣的理念，他们现在绝大多数都过得不错。如果当初开了连锁的参差咖啡书屋，我可能会增加几千名雇员，但现在是增加了几千名靠手艺吃饭的、有独立人格的咖啡馆店主，这个社会效应和效益是完全不一样的。如果不是新冠疫情，我肯定愿意把咖啡学校继续开下去。

回到本文的主题。这次的参差书屋为什么不仅没有学茑屋或者诚品叫“参差书店”，甚至还公然宣称参差书屋不想卖书呢？其实，十年前的参差咖啡书屋就已经证明，仅靠销售图书来支撑一个大空间在当时是不可能的，现在更不可能。还有一个预料之中和一个完全意想不到的原因，分别导致了参差书屋这次干脆放弃了图书的销售。所谓意料之中的原因是，智能手机的功能越来越升级，导致手机已经成了很多人的延伸肢体，离开一会儿都浑身不自在，去实体店看和买纸质书的机会只会越来越少；再加上其他种种原因，即便爱看书的人恐怕现在也越来越没有心情看书了。至于那个意想不到的原因，简单地说，就是新的好书越来越少。总之，这次参差书屋里的书籍，绝大多数是二手书。二手书买来便宜，加上不卖只看，所以不需要买新书。当然，这只是表面原因，深层原因是很多好书只能在二手书里淘。和十年前的参差咖啡书屋一样，把优质的好书集中到店里来，以此来聚集参差书屋想要的、层次更高的目标人群，这个初衷和目的现在看来又如期实现了。这其实就够了。

基于上面提到的原因，会员制的参差书屋未来肯定不会花精力去做图书零售，因为有些二手好书卖了就可能再也找不到了。但是，如果我们的会员制推广顺利，全国的参差书屋会员能够达到六位数的话，“复活一本书”这样的好事我们还是愿意做的。所谓“复活一本书”就是，如果某一本好书是多年前合法出版的，但由于相对小众，没有出版社愿意再重新印刷了，也就是市场上很难再找到了，这其实是非常可惜的，毕竟很多好书是值得珍藏的，应该被更多人读到的。鉴于此，参差书屋可以帮助会员们联系出版社重新印刷这本书。当然，这种“复活”模式需要一定数量的会员提前付款订购，至少两千本吧。希望早一点能够实现“复活一本书”的计划，这件事想想都让人开心。

总结一下，参差书屋是一个有书的空间，我们不想卖书是因为，在未找到合理的营销方式之前，这件事真的吃力不讨好。而“复活一本书”这样的做法，其实却大有可为，那么，我们一起加油吧，期待参差书屋能够快速在全国各地复制，等到参差书屋的会员达到六位数的时候，我们一定开始“复活一本书”！

参差书屋开辟工作室“别有用心”，意义重大

2021 年 4 月，我哥过 57 岁生日的时候我们兄弟俩在武汉聚了一次，参加聚会的还有他的老同学和老同事，大家的年龄差不多都奔六了。席间，我哥抛出了一个话题——随着年纪的增长，他开始担心过了 60 岁以后，受身体条件所限，可以玩的东西和事情会越来越少。俗话说物以类聚人以群分，我哥现在还在来往的故旧基本上生活方式都很健康，喜欢运动，在场的要么常年打羽毛球，要么打高尔夫球，要么打网球，即便不会打球的，也会每晚步行万八千步，大家都明白一个道理，健康是中老年人的重要资本。

问题一出，大家都表示有同样的担心，只有我心里不以为意。不是因为我稍微年轻一些，暂时还没有很明显的感受，而是因为在我心里，其实有太多适合中老年人玩的东西了。只不过这些东西大概很少，甚至从来没有出现在他们的视野里。所以，我当时只从科学的角度安慰大家——现代人的运动寿命应

该会比大家想象和认知得更久。其实呢，我真正的想法是另一个角度，和运动寿命无关，和更多的可能性有关。

今年创办参差书屋的时候，我又想起了我哥的这个话题。我一直认为，在行动面前，任何言语都是苍白无力的。生日宴的时候我并没有试图去说服他们，我当时就想好了要用行动来呈现我所认为的更多的可能性，那就是要在参差书屋里开辟一个独立的工作室，也就是成立一个手工作坊。为什么是手工作坊？这里的重点是手工。我坚持认为绝大多数人都忘记或者忽略了一个重要事实——我们人类之所以有今天，是从直立行走，腾出了双手开始的。一直以来，“劳心者治人，劳力者治于人”的观念深入人心，人们却忘记了腾出双手是用来做东西的。我也坚持认为，人类童年时期的教育影响着孩子的人格塑造和养成，而对小朋友来说，最好的学习是动手，他们真正的自信往往是从指尖传递到大脑的。那么到了中老年呢，这个道理是否仍然适用呢？我觉得是。请看我多年前写的一段文字：

幸福是一种体验，这种体验感通常来源于好奇心，来源于始终保持对生活的新鲜感，来源于不断的自我完善，来源于获得肯定和赞许的成就感和满足感。幸福有很多种形态，很多种可能。如果你真的想要从琐碎重复的日常里切切实实感受到生活品质，想努力重新审视自己的兴趣，发掘自己的潜能，在物质富有的同时，精神上也有所依托，希望找到最适合自己，最尽情享受（enjoy yourself）的途径。其实，不用大费周章舍近求远，伸出自己的双手即可。用自己的双手做个东西吧。不信？你可以试试看。

我哥和他的同龄人朋友们都经历了一个高度竞争环境下的财富积累过程，他们的幸福感和快乐通常都来自有竞争和输赢的运动项目，这是可以理解的。我只想说，除了这些之外，还有很多可以自娱自乐的事情存在，只要你愿意动手、愿意学习就行。我一直坚持认为好的生活品质离不开学习，包括学习新的技能，不再为了创造财富，单纯只是为了获得成就感和满足感。这种通过自己的双手而获得的幸福感，是一种个人体验，既不需要求人，也没有丝毫与人一较高下的成分。这才是适合中老年人的状态，优雅而自得。

在参差书屋里开辟这间手工作坊就是基于上述这些理念，当然也要归功于我们的韩老师。韩老师以前是一位理工方面的专业人士。几年前，他果断辞职到日本拜师，学习了一年皮雕艺术，回国后开辟了一间自己的小工作室，把自己变成了“韩老师”。韩老师告诉我，如果他几年前不毅然辞职，估计现在人都不在了！他说他实在是厌倦了原来必须因工作需要而吃吃喝喝的生活，他说他预感如果不尽快做出选择就这样惯性下去，迟早得“殉职”。这可不是夸张，韩老师告诉我，2022 年还没过完，他身边就失去了三个半好友，都是 50 岁出头的同龄人，那“半个”的意思是人现在躺在医院里成了植物人。拿这些不幸举例子就是想说：作为一个成年人，我们应该面对这样一个事实——我们这一代人对生命的透支是很严重的，身边发生的这些不幸意外，就是在还债。

韩老师在我看来的确是一个好榜样，他的选择给了很多同龄人启发。谁小时候没个爱好啊。韩老师就是从小喜欢画画，忙于生计之后自然就放下了，重新捡起来并不难，难的是要下决心舍弃一些东西。有句话说得好，一个人幸福，不是因为拥有得多，而是因为要求得少。差不多就放弃吧，说起来容易，做到很难。韩老师不仅做到了，还乐此不疲，享受其中，令人佩服，也令人羡慕。

今年初我们为参差书屋选址，韩老师也参与了。现在的参差书屋正好有一间不大不小的独立空间，我们一拍即合，于是现在的参差书屋里面就有了一间参差工作室。人是有社会属性的，独乐乐很好，众乐乐也不错，为了实现参差书屋的理念，韩老师欣然同意把他的工作室搬进参差书屋，用双手做给大家看——既然我可以，会员们其实都可以。参差书屋开业后，会员们走进这间工作室都非常好奇，好奇于满墙的各种工具以及不同功能的缝纫机。而在看到韩老师的一些皮雕作品之后，好多会员想买。这不意外，因为韩老师的作品都堪称艺术品，但是韩老师不太想卖，这让一些会员很是意外。原因是韩老师的作品都是全手工制作，做不出多少作品，卖便宜了，不划算；卖太贵，有些人又不一定接受。所以，我们真正的意图是通过韩老师的身教，先引起会员们的欣赏和好奇，进而循循善诱，引导一些会员也试着动手。只有亲自动手制作，大家才会真正理解艺术品的价值。事实上，参差书屋开业不到三个月就已经举办了两次拜师仪式。对于拜师学习这件事，比如向韩老师学皮雕，参差书屋的做法是，韩老师先会带领有兴趣的会员动手实操，先完成一次入门实践，把一个半成品用自己的双手做成成品。如果想进一步，再拜师，然后在韩老师的指导下，从零开始完成下一个作品。

为什么说参差书屋里的这间手工作坊意义重大呢？首先，我们的野心远不止韩老师的皮雕，下一间参差书屋，我们希望手工作坊的面积超过50平方米，希望增加更多的工具和操作台，开展更多的手工项目，只要会员想学，我们就可以教，我们教不了的，还可以把这项服务社会化。总之，将来的每一间参差书屋都应该有一个手工作坊，都邀请手工达人驻场，我们希望参差书屋的会员们愿意把时间浪费在美好的事物上，试着找到自己的兴趣点，开始动手做东西。如此，参差会员们就可以率先实现超越平常意义的“老有所养”了，这里的“养”是“滋养”的意思——用新兴趣、新技能去滋养自己与世无争的优雅生活。这个意义算重大吧！

“能够陪伴你一生的，当然不是你的父母，也不是你的伴侣，更不是你的孩子，因为他们都可能离开你，由不得你。唯有你的兴趣和爱好将忠实地陪你到死！所以，如果你至今还没有找到你喜欢得难以放手的爱好，要赶紧啊，否则你注定孤独终老！”——这是我十年前写的一条“恐吓”微博，被成千上万的人转发或点赞过，现在再次拿出来“恐吓”一下参差的会员们，既是“别有用心”，其实也是用心良苦。

我们需要第三类关系

第三去处（THE THIRD PLACE），是美国经济学家通过星巴克的广受欢迎总结出的一个社会经济学现象，意思是人们除了办公室和家之外还需要一个第三去处。星巴克无意中大规模地满足了这种需求，得以长期良性发展。现在的参差书屋其实也属于第三去处，对第三去处需求的深入研究，会创造更多商机。本文就可以算是一次尝试。

参差咖啡从2007年创立至今已经超过15年了，很遗憾，虽然我们提出了“小的是美好的”“自雇佣模式”这两个在咖啡馆领域行之有效的理念，却并没有引起国内经济学家或者社会学家的注意。即便如此，从参差咖啡十多年的经历和我自身的感受中，我还想试着提出一个社会学理论——第三类关系。从参差咖啡到现在的参差书屋，我们其实在卖咖啡的同时一直在致力于让参差的空间成为国人发生第三类关系的场所。这应该算是对第三去处的功能的深入挖掘吧。由于这一次我们萌发了把参差书屋推广到全国的野心，因此，我们当然希望，参差书屋能够成为这一类场所的典型代表。这样一来，没准会引来经济学家、社会学家的关注吧。当然，没有也没关系，还是先来看看我说的有没有道理吧。

我们都知道，人生下来就会有两种人际关系，一种是有血缘的，另一种是非血缘的。非血缘关系有很多种，同学关系，战友关系，同事关系，普通朋友关系，男女朋友关系，生意关系，夫妻关系，雇佣关系，上下级关系，等等。外国的社会关系是如何运行的，我没有调查不是很清楚，我们中国人一生主要有两类关系：一是血缘关系，二是利益关系。刚才罗列的非血缘关系里面的绝大多数，其实都是利益关系。非血缘关系的多样性被挤压得非常严重，甚至我见过很多人的社交中，除了血缘关系和利益关系就没有第三类关系了。同学关系算是没有利益纠缠的，属于第三类关系吧。但是现在很多人和同学联系得也不多，至少是占其社交时间的比例很小。因此，如果同学还在联系的，肯定都非常珍贵，彼此也很珍惜。

基本上来看，大部分人一旦离开校园进入社会，就只剩下血缘和利益两种社会关系了，而且之后的几十年直到离世，基本也就是在这两种关系中纠缠。为什么要用纠缠这个词呢，血缘关系带来的是血浓于水的亲情，怎么能说是纠缠呢。没错，血缘关系当然是亲情、温暖，从中可以获得爱与欢笑。但是，血缘关系也会带来责任和巨大的压力。“为了你，我都怎么怎么了，你怎么还不怎么怎么，到底要怎么怎么，你才能怎么怎么”，这是非常典型的中国父母对子女、子女对父母、亲戚对亲戚的常用句型，里面浸透着压力和无奈。

“纠缠”一词，用在利益关系里再合适不过了。大部分人穷极一生都是在忙着建立利益关系，乐此不疲，甚至还有些人认为这是人生的目标和价值所在，没有利用价值的关系不算关系，没有潜在利益的关系，多花一分钟都嫌浪费。

认真回顾一下我们的一生，是不是就这两种关系不知不觉地耗尽了我们的生命，我们甚至都忘记了小学时候的那种没有血缘、没有利益的关系是多么美好。其实，我提出的第三类关系并不是什么新鲜事物，就是学生时代的那种没有血缘、没有利益、简单纯真的朋友关系。没有互相利用，只有真实纯朴的快乐；没有利益瓜葛，只有相互陪伴、欣赏和帮助，大家志趣相投，无话不谈。这样的关系多么美好，我们其实都需要这种第三类关系，只是离开校园进入社会之后，大家都忙忙碌碌，似乎没有时间，也没有地方去寻找和发展这种关系了。

可是，真的是这样吗？真的这么无奈吗？不，我发现，在咖啡馆里——最近二十年，之前是在别人的咖啡馆，后来是在自己的咖啡馆，我发展了很多职业不明，甚至姓名都需要备注的第三类关系。这种关系的特征是，大家常常在同一间咖啡馆相遇，价值观接近就会多聊会儿。大家基本不过问对方的职业，互相笑称“咖友”。有时候大家一起看电影，AA 制；一起吃宵夜，AA 制；一起郊游，AA 制；一起打球，AA 制；集合地点通常就在咖啡馆里。这不就是久违的第三类关系吗？这样的关系，没有压力，合得来就玩在一起，反之，可以随时回避，关系之间不存在任何利益。这才是最让人舒服的人际关系嘛。

以我二十年泡咖啡馆和开咖啡馆的经历证明，咖啡馆是出现第三类关系的最佳场所。到目前为止，我生活里交往频繁的朋友都来自咖啡馆，反而之前存在利益关系的那些对象现在已经很少出现在我的生活里了。作为一个咖啡馆主，这个特殊身份更有资格推荐咖啡馆，尤其是推荐参差书屋给大家。毕竟，在咖啡馆里建立一些第三类关系，是对前两种关系的重要的、健康的补充。要知道，少了第三类关系，一个人的生活是不完整的，甚至可以说是可怜的。

其实，所谓“第三类关系”理论，是我十年前在《就想开间小小咖啡馆》里就提出来的，我自己就是这套理论的受益者，十年一晃就过去了，十年后再提“第三类关系”，是因为新开了参差书屋，想为参差书屋的存在和发展找出更多的理论依据。参差书屋最近举办了一场会员生日聚会，给这位会员寿星过生日的都是参差书屋的会员。该会员寿星有没有另外和家人亲戚一起再办生日聚会，我不得而知。但是，我敢肯定，基于第三类关系的生日聚会肯定更加轻松有趣。

以上是我——一个咖啡馆主自不量力提出聚会的社会学理论，纯属自娱自乐。其实，理论不理论其实没什么关系，没什么紧要，参差书屋模式的快速复制才是最重要的。我非常肯定，每个城市都有相当多有共同价值观的优质人群需要参差书屋这样的地方——花钱不多，每周都有所期待，每次都能遇见有趣的人，关键，东西还好吃不贵，咖啡就更没的说了！

每一个城市都能有幸拥有一个冯翔吗?

上个周末晚上的参差会员们运气很好，首先是自学成才的张权老师带着一位键盘手，一位吉他手，还有他的秘密武器——手碟、箫笛和两支非洲鼓，在参差书屋做了一场精彩的演出。一群真正热爱音乐的人，不论他们分享什么，都肯定能够打动人。然后是一位居住在武汉的越南艺术家，他带来了自己制作的古琴，两首让人屏气凝神的古曲美极了，让我没忍住两次阻止客人交头接耳小声说话。

本来应该曲终人散的时候，冯翔老师出现了。他正好在附近有活动，活动结束过来书屋看看。他心里当然知道，来了就肯定会被我抓“壮丁”。老朋友是有默契的，我们并没有商量这种非正式表演要唱些什么，可是老冯一开口我就会心地笑了。

认识老冯是 30 年前，那会儿我 24 岁，他 28 岁。当时我还在广东打工，回武汉是休假，自然就会到处寻觅有驻唱表演的酒吧。那时候武汉刚刚兴起酒吧驻唱。已经不记得是在长江大酒店还是亚洲大酒店了，反正第一次遇见老冯的时候，他一直在唱英文歌，发音标准，英文功底了得，让我佩服不已。从那以后，我们就成了好朋友。

1997 年，我 29 岁，为了爱情回到武汉，不知道做什么就开了一个大大的酒吧——YES BAR。我从小就有把好东西拿出来与人分享的习惯，开酒吧不仅可以分享我知道的好音乐，还能再升级发挥一下，更好玩！于是，YES BAR 的舞台上就出现了键盘、架子鼓、吉他、贝斯、调音台和音箱矩阵，每晚的演出都是全编乐队上场。除了老冯，武汉当时最厉害的乐手、歌手都会集到了 YES BAR。在 YES BAR，我好几次碰到北京和上海来的客人一脸真诚地告诉我——您这酒吧要是开在我们北京 / 上海，您就发达了！

很遗憾，YES BAR 没有开到北京、上海去，我自然也没发达。后来倒是老冯去了北京成了北漂，而且一漂就是十年。十年后的 2007 年，酒吧早就关门了，我又开了一间小小的咖啡馆。那老冯在北京发达了吗？也没有，因为他还在专心搞音乐，这大概是真爱的宿命吧。前天有客人惊叹于冯翔老师唱了那么多英文歌怎么记得住歌词，我说，那是“童子功”，都是《汉阳门花园》的肥料。

2016 年，北漂十年后冯翔回到武汉，一边又回到酒吧驻唱，一边琢磨着心心念念很多年的用武汉方言创作歌曲。据老冯私下告诉我，这首武汉人几乎都知道的《汉阳门花园》他只用了半个小时就写出来了。再之后他一发不可收拾，陆续写了《黄鹤楼》《东湖》《和平里》《二十四节气》等武汉方言的歌曲，好评如潮。在我看来，老冯如果北漂十年发达了，大概就不会回武汉，也肯定不会有这些歌了！可作为老朋友，我其实心里倒是宁可没有这些歌。

为什么呢？你看，过去这几年，老冯创作了这么多对武汉充满情感的歌曲，在武汉广为传唱。尤其是武汉新冠疫情最严重的那段时间，很多海外华人在世界各个角落都在传唱《汉阳门花园》，以表达对武汉的牵挂和关爱。连中国著名歌手韩红当时都用武汉话翻唱了《汉阳门花园》上传到了网上，让更多人听到并喜欢上了这首歌。按理说，这下老冯名声大噪应该发达了吧。可惜，仍然没有，原因嘛，不得而知。

因为《汉阳门花园》以及之后一系列用武汉方言创作的关于武汉的歌曲，这两年，老冯已经成了武汉官方认证的城市名片了。但是，很遗憾，可能是因为这些歌都是用武汉方言唱的，歌的内容都是关于武汉的城市记忆，这些方言歌很难火到武汉以外的地方去；再加上老冯已年近花甲，一个60岁的本土艺术家似乎也缺乏了包装价值，缺乏市场运作的空间。于是，老冯的生活状况并没有因此有多大改观。

通过老冯的现象，我脑子里总有个疑问不解。北京有北京的冯翔吗？上海有上海的冯翔吗？广州有吗？重庆有吗？长沙有吗？济南有吗？反正，我想不起来哪个城市有一个本地音乐人为自己的城市写了这么多好歌，还广为传唱！一想到这里，我就为老冯不平。再看看拉了一车乐器来参差书屋表演的张权和他的朋友们，以及那些生活在这个城市，同样也才华横溢的

“冯翔们”，为什么很多热爱音乐、热爱艺术的人都过得如此清贫呢？我没有试图去寻找答案，也没这个能力。但这个现象的存在，我们不能否认。

所以，这次的参差书屋还有一个使命，也可能是一种解决方案——我们从会员年费里拿出固定的比例去供养参差书屋的小舞台，会员年费越多，我们的支付能力也就越强。毫不讳言，这当然是一种广告。我们希望加入参差书屋的会员越来越多，我们也希望参差书屋的模式能够复制到全国各大城市，这样一来，武汉，以及更多城市的“冯翔们”就能多一些演出的场所，增加一些演出的频率，当然，也能增加一些收入。

60 岁的老冯，仍然热爱歌唱，可为什么热爱就真的不能当饭吃呢，这不合理！参差书屋的会员制模式，至少是解决方案之一。如果武汉三镇分别有一个参差书屋，那么，每年的演出场次就有 300 场之多。我们需要更多蛰伏在大武汉各个角落、多才多艺的艺术家们有机会浮出水面，和我们的会员见面，一起来实现我们设想的三赢局面——书屋能够永续经营，会员能够欣赏到更多优质的文艺演出，度过一个又一个美好的周末，艺术家们也可以不必只能靠教小朋友过活。教音乐这事儿我不懂，但可以肯定，教小朋友大概只能用到他们自身功力的最多百分之十吧。没有演出，自然就没有持续练习的需要，可作为艺术家，他们不仅需要和懂得欣赏的人群有交集，还要有练习和精进的动力，更重要的，多一场演出就能多一些收入。

参差书屋可不可以做特许经营？

2012年，在开第一间参差咖啡馆五年后，我写了一本书《就想开间小小咖啡馆》。本意是想对自己过去五年的咖啡馆店小二生活做一个小小总结，没有想到，新书一上市就非常畅销，成为亚马逊当年年度网络票选“读者选择奖”第一名，之后连续几年，这本书都排名亚马逊时尚生活类图书的前三甲。2019年，在亚马逊停止在中国网络销售实体书的最后一天，也是《就想开间小小咖啡馆》上市七年多之后，这本书最终定格在了亚马逊时尚生活类图书排行榜的第一名，当时我还截了个屏留作纪念，虚荣心得到了极大的满足。

《就想开间小小咖啡馆》刚出版的头两年，的确成了出版界的一个现象引起很多讨论。一本来历不明的作者的处女作，竟然持续热销，大卖几十万册，这在销售三万册就能算是畅销书的中国图书市场，的确值得研究。作为作者，我觉得虽然是意料之外，但也算情理之中吧。首先，作为一个咖啡馆店小二竟然敢写书，肯定是有感而发，不会空洞无物没话找话说，一定会有些想法，言之有物。其次，我注意到，亚马逊、当当、京东等网络销售平台上的读者留言，出现最多的评价是“真诚”。可不是嘛，我在书里有一篇文章名叫“劝你别开咖啡馆”，完全不按一般攻略书的套路出牌，我指出了有几类人是不适合开咖啡馆的，非要开，结果一定会是不了了之；如果想要开好一间咖啡馆，其实并不难，理解、接受并坚持两条就可以：第一，小的是美好的！第二，自雇佣！然后，既然我能做到，你一定也能做到。

也许就是因为这份真诚，后来的参差咖啡梦想学校一成立就是八年，如果不是因为2020年开始的疫情，我现在肯定还在咖啡学校认真地分享着我开店的心得和经验。这是我喜欢做的事情。看着一批批学员从刚来报到时的懵懵懂懂，毫无自信，到20天后离开时的满脸自信，跃跃欲试，我倍感欣慰。过去十年，参差咖啡梦想学校的学员店开遍了全中国，肯定已经超过了3000家。从微博上#参差学员店风景#这个话题的阅读量突破四亿，并且还在不断增长的现象分析，绝大多数学员店都经营得不错。这中间我印象特别深的有“四平米咖啡”“晴耕雨读咖啡”“丫咖啡”“小春日和咖啡”“半半咖啡”等，她们的存在充分展示了参差之美，个个都是以“参差”命名的母校的骄傲。

然而，过去这些年，当我在投资界的一些朋友们听完我的故事后，几乎无一例外，摇头不止，大叹可惜。甚至还有人极力劝我赶快亡羊补牢，拿出方案，想办法把这3000家小咖啡馆统一名字，全部改成“参差咖啡”，统一品牌，统一供应链……

然后，想办法财务并表，然后，上市……

面对他们的诱惑，我一笑了之，婉言谢绝了。针对个别执着劝进的，我不得不跟他们耐心地讲了参差咖啡梦想学校刚开始发生的故事。

记得 2012 年的第一期咖啡馆主班只有 10 个人报名，而这 10 人里面竟然有多达 7 人在开课之前分别向我表示，他们来学习的目的之一，是学成之后可以加盟参差咖啡，当我表示参差咖啡不接受加盟之后，甚至有些学员流露出打退堂鼓的意思。搞得我不得不在课堂上严肃地告诉大家：参差咖啡虽然在武汉知名度很高，但是在全国范围并不是什么家喻户晓的品牌，在你们的城市竖起参差咖啡这块招牌，并不能像星巴克那样马上就顾客盈门。也就是说，你来武汉如果没有通过学习完全掌握技术和理念，回去打出参差咖啡的牌子也没用；反之，你学会了，回去不必叫参差咖啡，起一个自己心仪的名字，一间小小的咖啡馆，只要是老板亲自用心经营，一样可以有声有色，还有可能成为当地的参差咖啡。我们主张自雇佣模式的经营理念，需要突出的是咖啡馆主人的差异化特色和优势……

经过几轮苦口婆心的讲解之后，大家这才开始把心思放在认真学习上，不再提加盟。现在回想起来，这些学员一开始非常想加盟其实并不奇怪。毕竟之前从来没有做过，加盟似乎就上了一个保险，以后在经营过程中有可能得到持续的援助和支持。为此，我从第一期开始，就开放了我的微博私信，也就是非互相关注也可以给我发私信，为的就是将来学员们回去开店，在选址、装修、运营过程中随时遇到问题、疑惑，都可以找到我进一步咨询，我也会知无不言，言无不尽。

听完这个故事，投资人们基本都表示理解了，但仍然觉得很可惜。在他们看来，有这么好的基础，技术上肯定能够找到整合的方式方法。可我知道，这不是技术问题，而是理念问题。我开参差咖啡梦想学校的初衷非常清晰明确，就是通过我个人的成功案例，鼓励更多的年轻人去学习技能，然后靠自己的技能开店创业，进而过上经济独立、人格独立的生活。少了一个连锁的参差咖啡，多了那么多参差多态的咖啡馆，更重要的是，多了那么多参差多态的咖啡馆主人，这是多么美好的事情啊。我用《就想开间小小咖啡馆》这一本书和十年的时间做到了，很满足，也很有成就感。

事实上，为了影响更多人，我后来还写了《因为有你，所以参差》《梦想是这样成真的》《开店有讲究》，尤其是《开店有讲究》，我几乎是知无不言，把过去八年上课讲的内容全部公开了，为的是惠及更多没有小店经营常识和经验的人。在《开店有讲究》里，我甚至公开呼吁，尤其是小咖啡馆这样的业态，根本就不要考虑加盟别人，能够让你加盟的都很可疑。毕竟，一个现金流很好的品牌，自己直营多好啊，干吗要吸收加盟呢？

文章看到这儿，大家是不是被我搞糊涂了——这哥们一直在这里自吹自擂，一副高风亮节的模样，你到底想说什么？你是不是想说十年前参差咖啡不做特许经营，是因为理念，现在的参差书屋开始想做特许经营了，也是因为理念？是的，你说对了！看过了本书其他文章就会知道，这次我们开的第一间参差书屋，其实就是一间样板店，是为了做样板而开的。从呼吁别人不要加盟到现在专门为了将来做特许经营而开一间样板店，这十年发生了什么？

其实，这绝不是时过境迁想法有了什么变化，而是参差咖啡和参差书屋根本就是两件事。我说过，如果不是疫情的原因，我是愿意把咖啡学校一直开下去的。之所以在疫情防控期间设计并开始实施参差书屋模式，一是因为，面对未知，做别人不敢做或者没有做过的事情，一直就是参差的基因使然；二是因为，参差书屋独特的会员制模式，就是一件没有人做的事情，只有推广复制到全国，这一模式的优势才能更好地得以发挥。最简单的道理——在武汉成了参差书屋的会员，如果将来出差旅行到每一个城市都能够找到当地的参差书屋，会不会更有成为会员的冲动和意愿呢？这就是我总是喜欢强调的顾客本位的思考模式。始终为顾客着想，当然没有错，那别人（加盟商）为什么要加盟参差书屋呢，如果这个模式真的合理，你为什么不直接自己到每个城市去开直营店呢？或者人家为什么非要加盟你们，偷学一下你的模式做一个不就行了？这都是好问题。参差书屋为什么不全部直营，凭什么这次就有资格做特许商呢？作为一个对特许经营一直持保守怀疑态度的人，我当然有必要认真面对这些问题。

首先，参差书屋的特许经营规划，一开始就规避了传统特许经营者希望加盟者多多益善的原始冲动，不仅如此，参差书屋的目标可以说是非常克制的，克制到可能又会被投资人们嘲笑。我们的目标是，在全国三百多个一百万人口以上的城市中，每个城市我们只发展一个加盟商，全国应该不会超过三百个。这当然是为了避免未来可能产生的恶性竞争，避免肥了特许商，苦了加盟商。当然还有一个会引来嘲笑的原因，这个后面再讲。

加盟商的目标是三百个，参差书屋加盟店的数量应该是五百个左右。因为，即便是北上广深这类的超级大城市，也只能是一个加盟商，但可以特许他开两到三个店。为什么不能在某个大城市发展几个加盟商呢？道理很简单，是模式决定的——会员年费是每一间参差书屋的利润来源之一，万一同一城市的三个加盟商里某一个加盟店开起来了，但是发展会员的能力不够，那岂不是成了只是为其他加盟店的会员提供增值服务的服务商，那肯定就赚不到钱，这不公平。鉴于此，我们作为特许商，也会严格考察加盟商在当地的资源以及组织能力，坚持一座城市一个加盟商，在当地可以开几间参差书屋，我们需要一起分析、商讨和确认。

那么问题又来了，既然人家各方面能力都很强，自创品牌也可以做呀。是的，我几乎可以肯定，随着武汉首家参差书屋的美誉度越来越高，现在已经有人在某个地方开始模仿了。发生这种事情实在太正常不过了，完全在我的预料之中。中国这么大，最不缺自认为聪明的人，好在我们的总目标也就三百个加盟商，和动辄要发展几千几万家加盟店的商家相比，我们并不着急，可以慢慢来。而且，我已经预见到将来有可能拒绝的加盟申请者非常多，为什么？因为我们的模式决定了，我们对参差书屋的加盟者要求会非常严格，严格到投资家们可能会大骂我们有病。

和十年前的参差咖啡不一样，因为参差书籍的陆续出版，微博、微信在过去十年的不断传播和发酵，参差这个品牌已经积攒了相当可观的数据，参差作为一个品牌是有全国知名度和美誉度的，这是做特许经营的重要前提。因为参差咖啡，“参差多态乃是幸福本源”已经深入人心，而这一理念通过参差书屋来继续传达和实践，再合理不过了。因此，我们的加盟者首先必须是认同这一理念的人。其次，因为模式的设计，加盟者必须明白并接受这样一个事实，那就是只有在统一品牌的号召下，才能快速感召更多的目标人群聚集到参差书屋这个平台上来，不论是作为未来的加盟者还是会员，都会因为快速形成的全国参差书屋的网络而受益。比如，武汉、北京、上海、南京这样的一二线城市都已经有了参差书屋，那么其他二三线，甚至四线城市的加盟者在做会员推广的时候，势必会轻松很多。在任何一个城市办理了参差书屋会员卡，都可以在全国其他城市的参差书屋享受会员服务，这无疑又增加了会员卡的吸引力和含金量。这是最典型的多赢。

这个多赢的道理讲通了之后，剩下的就是技术问题了。举个非常典型的例子。前不久一位广州的朋友在听完我详细介绍了参差书屋的模式之后，顿时拍手叫绝，非常后悔刚刚开了一间二手书店，恨不得马上洽谈加盟事宜。可是，当我们聊到参差书屋现在日常营业额的西餐部分非常重要，远远高于咖啡饮品销售的时候，他突然打断我，表示餐饮部分自己从来没碰过，这该如何是好！我的回答是，这就显现出加盟的重要性了啊。参差书屋从纸上推演的模式设计，到样板店的实际运营，我们不仅已经证明了当初设计的模式的合理性，更在实际运营中总结出了严格合理的各项 SOP。所谓 SOP 就是标准作业程序。作为特许商，我们除了品牌、模式，还会提供诸如选址的 SOP，装修的 SOP，出品的 SOP，活动组织的 SOP，会员管理的 SOP，日常运营的 SOP，细致到书屋里的书怎么陈列，室内植物怎么选购、怎么摆设。

至于广州朋友担心的西餐不会做，甚至不想碰的问题，我们在出品的 SOP 里会详细告知——厨房面积的大小，怎样布局，为了保证我们设计的菜单按标准出品，必须使用什么品牌和规格的设备，等等。总之一句话，所有的试错过程已经由我们完成了，加盟商只需要严格按照 SOP 操作即可。当然，为了让这些 SOP 在加盟店被严格贯彻执行下去，到时候加盟商是需要派人到武汉总部来接受培训的。有了 SOP，学习起来是很快的，将来执行起来也有依据。而特许商的价值也就在此，我们擅长的也在此，毕竟我们做培训近十年了。所以，加盟商不必什么都会，甚至什么都不会都没问题。我们教你。其实，我们最最看中的是加盟者的价值观。

最后这一句话暴露了我们参差书屋的本质，利益最大化一直都不是参差的最高目标和终极目的。发现社会需求并用心去满足它，有所为有所不为，专心做好自己擅长的事情，一直是参差所坚持的。这大概也就能够回答为什么我们放弃去其他城市直营而开放加盟了吧。当然，开放加盟还有一个原因，那就是速度。我年纪不小了，希望快一点看到参差书屋覆盖全国，尽快惠及更多人，一个店一个店地慢慢开，我的同龄人中的同类人等不及啊！

最后啰唆一句，虽然很多人对乔布斯、马斯克、比尔·盖茨一再强调他们的志业并不是追求金钱的说法不以为然，今年已经55岁的我却始终相信他们并没有撒谎。这次，我的想法和他们一样，只想和全国各地的同类人一起做一件我认为有意义、有价值、对的事情，至于结果，我想，就由未来的加盟商们共同去努力吧，我不做预期，但十分乐观。

第五章

我们与参差书屋

一间优质的店注定是由一群优质的顾客滋养而成

吐槽一些社会现象。在我们这个社会，存在大量从来不为社会直接提供产品和服务的人，大家应该知道我指的是哪一类人。这样的人不仅在中国人口中占了不小的比例，而且他们通常默认等级森严的社会组织结构。于是，他们在购买产品和服务的时候，不仅不能换位思考，还会把等级思想带入进来，得理不饶人，甚至把服务人员的工作当成是服侍。由此，一定就会产生享受服务和提供服务者之间的潜意识对立。对立之下，何来真心的服务呢？

以上来自我几年前的一本书《开店有讲究》。

大家知道“顾客就是上帝”这个说法是从哪儿来的？有一个说法，认为是20世纪60年代一个日本歌手提出来的，他说他在体育场开演唱会，面对成千上万的观众歌唱的时候，就好像面对众神祈祷一样，直接翻译过来应该是“顾客就像神一样”，后来这句话不知怎么被服务业追捧成了口号，最后就变成了“顾客就是上帝”。而上帝的发源地其实根本没有这个说法，最多有一句“The customer is always right”，意思是“顾客永远是对的”。一百多年前，英国销售商品遵循的是商品一旦售出商家概不负责的原则，而提出“The customer is always right”的这位马歇尔百货的创始人马歇尔·菲尔德（Marshell Field）先生当时只是率先推出了无条件退货的店规，他的本意只是表示愿意相信顾客不会无缘无故地退货。

我找出这些典故，是因为我坚决反对“顾客就是上帝”的说法，首先，只有在平等的前提下才能相互尊重，只有受到尊重的服务才是可持续的，服务才可能是发自内心的。以我当年开咖啡馆的经历，我发自内心尊重每一位客人，尽可能为每一位客人考虑得最周到细致，因此赢得了绝大多数客人的尊重。少数不懂得尊重人的客人，我肯定会极为冷淡，用行动告诉他，他不受欢迎，最好不要再来了。

来过参差书屋的朋友应该都注意到了，店里很多位置都贴了“公共空间，请放低音量”“阅后请还原”等提示。原本认为没必要多此一举，但是试营业几天后，发现还是需要提醒。这些善意的提醒我认为就是服务之一。这些提醒，在无声地拒绝那些在公共空间没有公德心、大声喧哗、妨碍他人的客人，是在维护大多数遵守公共秩序的客人，为他们提供更好的环境和更优质的服务。

开第一间参差咖啡馆的时候，我 39 岁，现在满 54 岁了，和当初开咖啡馆时新鲜好玩的心态不一样，对参差书屋，我有所期待，我希望它能够成为我自己和同类人共享的一个理想空间，我们可以一起在这个幽雅空间的陪伴下优雅地老去。参差书屋模式现在还在推广期，我们当然希望朋友们邀约更多人来享受会员的文化福利，体验这里舒适的环境和美食。但是，的确有很多人毫无公共意识，想要塑造好环境似乎和我们达成会员数量的目标有些冲突。已经有好心的会员在为我们着急了。其实，我反而不是太着急，因为第一批优质的会员非常重要，他们会帮助这个空间进入良性循环，这个非常重要！否则，一旦参差书屋鱼龙混杂，连我这个店小二都不愿意“服侍”下去了，那么，会员是多了却反而不可持续了！

备注

以上文字是参差书屋微信公众号的一篇推文。现在，武汉的参差书屋已经结束试营业，正式开始只接待会员了。参差书屋有一条规则：每一位会员每次可以带两位非会员来参差书屋体验。这样做的好处是，喜欢参差书屋的会员可以把参差书屋推荐给自己的好朋友，朋友通过体验又可以成为新的会员。像参差书屋这样的会员制模式，几乎没有必要花宣传费去做无的放矢的宣传。一个带两个，两个带四个……很快参差书屋的目标就实现了。从这篇文章的

标题可以看出来，既有我们对参差书屋现有会员的肯定和感谢，也有对潜在会员的期待。之前我也反复强调，参差书屋名义上是我的，但本质上是大家的，是我们的。

参差书屋里有一本《我与兰登书屋》。准备动笔写这本新书之前，我特意把《我与兰登书屋》看了一遍。这本书其实是一本回忆录，以20世纪美国出版业为背景，记录了大量的人物和事件，也是一个一群人一起成就一个梦想的故事。看完之后，我的第一反应就是我的这本新书应该是《我们与参差书屋》，而且，我要邀请会员们参与进来，我们一起来完成这本书，也一起来成就一个梦想。

《我们与参差书屋》征稿信

“白金世代”是茑屋书店创始人增田先生的提法，日本的“白金世代”，20 世纪 50 年代出生，受过完整的连续教育，更重要的是他们全程经历了日本的经济高速增长。他们年轻时向往欧美国家的生活方式，喜欢电影、音乐、书籍和杂志，既有钱又有闲，保持着阅读习惯，喜欢听 CD、看老电影，愿意回味年轻时接触过的东西……

现在的中国市场，企业和资本瞄准的都是年轻人市场，而增田先生为茑屋书店找到的“新顾客”却是有钱、有文化的老年人，他认为，“白金世代”对茑屋书店来说是很完美的消费者。说起来，参差咖啡和茑屋书店还真有缘分。茑屋书店的母公司创始于 1983 年，名曰 Culture Convenience Club，简称 CCC——文化便利俱乐部，而参差咖啡的英文简称也是 CCC——Cen Ci Coffee。2011 年，第一间茑屋书店开业，增田先生 60 岁；同年，我开了参差咖啡书屋，那年我 44 岁，今年开参差书屋，我已经 55 岁了，不过比增田先生当年还年轻 6

岁。当年我开参差咖啡书屋，和增田先生开茑屋书店的想法接近，就是要让好书店里有好咖啡，好咖啡馆里有好书。区别是，2011 年，我眼中的目标人群是年轻人，增田先生的目标人群已经锁定在了有文化的老年人。

这一点也不奇怪，这不，十年后我也步入中老年，才意识到，中国其实也有所谓的“白金世代”。按中国和日本的经济发展阶段来对比分析，中国在 1962—1982 年这个时代出生的人几乎就是日本的白金世代，我称之为中国的“黄金一代”——他们也接受了完整的连续教育，赶上了 1978 年至今的经济高速增长。当然，区别肯定是有的。这也是我发起这一号召的目的——第一，我想为中国 20 世纪 60 —80 年代人命一个名，那就是“黄金一代”。我有王小波情结，而小波有一本书叫《黄金时代》；第二，也是更重要的——虽然我就是“黄金一代”中的一分子，但我不敢就直接代表“黄金一代”。从参差书屋开业至今，书屋设定的目标人群肯定是“黄金一代”没错，可我仍然很难画出这个群体的精准画像。

是的，正如增田先生对日本白金世代的描述一样，中国的“黄金一代”有着很大的共同点。可是，我以我的华师一附中同学群作为调查样本，发现在这个 200 人的微信群里，成为参差书屋会员的竟然只有两人，而参差书屋的初衷就是为这个年龄段的人服务的，可谓精准，可为什么成为会员的同学竟然只有 1%？诚然，这个群里有不少人在外地或者国外，可就算只有一半人或者三分之一在武汉，那参与者也只有 2% 左右呀。这让我颇为疑惑——这些“有文化的中老年人”，他们事业有成，子女也都自立，不再需要他们操心了，他们就是一群有钱又有闲的人，那么他们平时到底在忙什么呢？

综上，我想发起一个《我们与参差书屋》征稿活动。先说一下缘起，我要再出一本书，名字叫《我们与参差书屋》。新书会涉及参差书屋的开办初衷、模式的介绍和分析、开业几个月来接触到的美好的人和事。为什么书名是《我们与参差书屋》而不是《我与参差书屋》呢？因为，这次开店，一开始是被人“怂恿”的，不像十多年前那样“就想开间小小咖啡馆”，对其他的事情全无兴趣。开店之后，我越来越确定这次的参差书屋不仅是一个好的、合理的模式，更是一件极其有意义的事情——因为这些不断加入的会员们！我从这些会员身上，看到了“黄金一代”的雏形，但仍然还比较模糊，为了让这幅画像更为清晰，我想邀请大家一起来以《我与参差书屋》为题做一个命题作文，写一写在参差书屋体验到了什么；为什么会喜欢上参差书屋；抑或是对参差书屋还有什么期待；或者对什么才是精彩的中老年生活的理解和想象，和参差书屋没有关系也不要紧——总之，我们希望通过大家的书写，汇集出一个中国“黄金一代”的精神生活状态，甚至是指南。

如果来稿踊跃，质量又高，我们甚至未来可以在参差书屋全国各地的加盟店里复制这一尝试。假以时日，样本越来越大，可能性也就越来越多，没准我们真的可以汇集出一个中国的“黄金一代”的精神生活现状，乃至精神生活指南，果真如此，那就太有建设性了！

好了，从下文开始，就是参差会员的来稿，我给他们的回报是：稿子一旦被本书采纳使用，版权就自动转移给我了，也就是这本书，而他们第二年的会员年费也因此减免了。在此，感谢来稿的会员们。

参差书屋里有间工作室

韩诗伟

如果人生纯属辛劳，
人就会仰天而问：难道我所求太多以至无法生存？
是的。只要良善和纯真尚与人心相伴，
他就会欣喜地拿神性来度测自己。
神莫测而不可知？ 神湛若青天？
我宁愿相信后者。这是人的尺规。
人充满劳绩，
但还诗意地安居于这块大地之上。
我真想证明，
就连璀璨的星空也不比人纯洁，
人被称作神明的形象。
大地之上可有尺规？
绝无。

荷尔德林《人，诗意地栖居》

初识森哥，是在他的东湖咖啡小镇举办的市集上。后来慢慢熟识，是因为常常一群人在咖啡小镇北美馆的桂花树下喝咖啡、吹牛。森哥是一个深刻和感性的人，虽然偶尔会骂娘，但不妨碍他的言论引来广泛喝彩。渐渐地，每次聚会的人越来越多，大家热烈讨论，话题也越来越有趣。偶尔冯翔老师和其他音乐人还会来客串几曲，真是值得怀念的时光。

事实上，已经形成了沙龙，可是北美馆的空间实在局促，大家只能坐在户外。武汉的天气大家是了解的，能舒舒服服安坐在户外的时间并不多，于是森哥就有了创办参差书屋的初步想法，并且很快得到了大家的附和。后来就有了今天的参差书屋。选址、筹备、装修等事宜，此处略去一万字。

我们设想的书屋会是什么样子呢？其实在《海德格尔谈诗意地栖居》里面就谈及了。

在海德格尔的定义中，所谓诗意，其实就是创造。这个创造跟我们普通人说的创造不一样，他说的创造，是你以一种合适的状态来面对你周遭的世界，这个世界会向你绽放出一种意味来。所以，所谓“诗意地栖居”，就是当你存在于一个地方的时候，你就相当于一个 Wi-Fi，会散发一种东西。你敞开自身，营造了一种氛围，你周围的事物也会一下子展现出它们以前没有的状态。

所以，我们的参差书屋，要有好书，有好咖啡，有好电影，有好酒，有好茶，有好音乐，有好绘画，有好器物……我们希望有人类文明能够留下的一切美好。它能够吸引“人”前来，让“人”来创造，来感知其存在。当然，每一个个体都是有限的，虽然我想，但是不能拥有和精通所有的美好，就像佛家说的“三心相对，万法唯心”“安住当下”，安心做好一件事就是修行，所以我们在书屋开辟了一间可以做手工的工作室，可以做皮具，可以做布艺缝纫，可以做烟斗，甚至可以来写字、画画、做雕塑……我们希望通过双手的劳作，用触觉，用视觉来感知生命，来体验“诗意地栖居”。

我从小就喜欢画画，虽然学业紧张，父母也没阻止(这一点比森哥幸运，哈哈。他小时候也喜欢画画，但是被他爹粗暴阻止了)。上大学后，我更是绘画和雕塑选修课的常客。工作后，生活忙碌，即使很少动手画，但还是时常挂念之。2013年，偶然的机会，接触到了皮雕，立刻为之着迷。所谓皮雕，它是一种浅浮雕，是一种利用皮革作为载体进行雕刻和绘画的艺术形式。早在欧洲中世纪时期，就有利用皮革的延展性来做浮雕式图案的器具。20 世纪，随着美洲地区西部牛仔文化的兴起，这种雕刻技艺在马鞍上逐步繁荣起来。第二次世界大战以后，美国人把这种技艺传入日本和我国台湾地区，艺术表现形式得到了更大的发扬。我国蒙古族很久以前也有一些传统技法，然而在大陆地区开始广泛传习还是最近几年的事情。

被皮雕艺术深深吸引后，我遍访名师，后赴日本研习，师从旅日华人蔡弘灏先生（史东门终身成就奖得主），并多次参加国内外各种展览。我的努力方向，就是把这些皮雕艺术表现在包包、家具、服装、器物上，让器与美完美地结合。其实，就像李宗盛，30 多年写成了 300 多首经典的词曲，35 岁那年，却转念去做琴。他为什么会转变，为什么会转身去做手工，很多人问过他。李宗盛为此还拍了一部纪录片式的广告《每一步都算数》，告诉大家他的心灵感悟：

东京—向上攀爬的路，总是从低谷开始

温哥华—看不清前路，或许正是转折处

香港—脚步越快，越清醒该走在怎样的路上

吉隆坡—别人循着你的脚印，将走出自己的路

台北—过去，现在，未来的路，都始于同一个起点

人生没有白走的路，每一步都算数！

每次看这部片子，都能引起我深深的共鸣，我也能理解他的选择。我希望能把这种理念，甚至是人生观，在我们的书屋里传播，就像《人，诗意地栖居》诗中所述："人充满劳绩，但还诗意地安居于这块大地之上。"

每次来到参差感觉都像是在放风

介端丽

“参差多态乃是幸福本源”是罗素的名言。现在只要提到参差这个词，我想到的就是参差书屋。它不仅是一间书屋，还是一间餐厅、一间教室、一个音乐空间、一间咖啡馆。它的作用与功能，完全取决于打造这个空间和来到这个空间的人自身，以及这些人的追求和期许。

最早结缘参差是因为喜欢喝咖啡，在了解咖啡的过程中，无意间被一本名为《就想开间小小咖啡馆》的书吸引，发现写书人王森居然和自己在同一个城市，说着同样的方言，有着对生活同样的热爱，于是默默关注，循着这根线知道了参差书屋。又因为纯粹好奇，想知道书屋到底是个什么所在，谁知第一次来到参差书屋就见到了王森本人。当时他正和朋友们交谈，看见我进来，礼貌地问候、打招呼，自然而亲切。店内美丽的娜娜小姐接待我，向我介绍书屋的相关情况，语气平和，如沐春风。

店内一整面墙的书柜，里面摆满了精挑细选的书籍，六七张宽大的书桌，既为顾客提供舒适的看书空间，也方便约朋友在此享用美食。正对书柜的一边是陈列精美洋酒和制作咖啡的吧台，工作人员专注冲泡咖啡，与整个氛围融为一体。另一边区域放置了一架钢琴以及其他音乐设备，里间则是手工艺术家用于创作的工作室，收藏着各种精美的纯手工作品。

在书屋温暖精致的装修风格和优雅舒缓的背景音乐中，每个人都呈现出安静舒适的状态，让人体验到一种久违的美好。我十分确信，这里有我想要探寻的对生活以及对自己的理解，毫无悬念，一拍即合，我成了一名参差书屋的会员，正式开启我的参差人生。

新冠疫情困了我们三年，工作困了我们几十载，而这一具我们不曾了解的躯体，困了我们一辈子。我们每时每刻都想要突破自己，是因为我们对现状不满，而且，我们从来都没有对现状满意过。只有更好，没有最好，是人本能的欲望，在心中荡漾，生生不息。人生必定是充满多样性的，它是一个参差多态的过程，不以人的主观意志而改变。当你在这世上拼搏得越久，越发觉人生无法掌控。曾经笃定地确信，随时会从指缝中溜走，让人迷茫无助。被现实打击，被人性摩擦，在这个纷乱的世界里纠缠，已经忘了去感受和欣赏生活中的各种美好。但这次，参差书屋把我带回了这场风花雪月。

参差书屋是一个让人安静的地方，也是一个让人清醒的地方。因为有了这么一个去处，你会发现，与自己的喜好和乐趣同在，是人内心向往的一种生活方式。每次在参差喝咖啡、欣赏音乐、享用美食……是的，我想说的是“每次在参差”，不管当时做什么，身边有无他人，那专注的几个小时，认真、无碍、沉浸，是真正的忘我。在这个与现实平行的空间里，我感受到自己的人生并不是只有柴米油盐，也不仅仅只是为了生存而挣扎。在这里，你可以遵从自己的真实意愿，敞开心扉接纳更多的可能性，看到不同的人热烈奔放地活着，他们有趣有才有料，殊不知自己也是其中一分子。

社会赋予我们太多责任，我们不得不去履行，虽然渴望自在、不受约束的生活，但又十分清醒，基于现实种种条件的限制，终究无法把自己长久安住于此，于是每次来到参差书屋，感觉都像是在“放风”。起初，以为自己喜欢这里是想要逃离烦心的现实，可每次离开这里，心中保有的念头，竟然是人间值得。也许这就是参差的妙处所在，它不是通过反差让我觉得现实是如此不堪，甚至无法苟活，而是在我的心中种下希望的种子，帮助我对美好抱有期待。人间值得，源于人间清醒。在现实与虚幻之间，参差帮我保留了那份难得的清醒，能让我在清醒的同时，找到属于自己内心的归属。

参差书屋是一个空间，更是一种文化，是灵魂的栖息地，它向外传递开放与包容的态度，在参差书屋里体味着参差人生、追寻梦想的同时看清人生的真相。来参差书屋的人，每个人都有自己的故事，看到他们仿佛也就看到自己，谁都不知道这一个个期待宁静和顺心的生命背后，都有怎样的生活经历，但这些在参差书屋里并不重要。参差提供的多样元素，就是帮助大家结合自身需求找到那份称心如意与真实，接纳不足，珍惜拥有。如今，我慢慢养成了有空就来参差书屋的习惯，来听音乐，来喝咖啡，来吃份牛排。看看真实的自己，看看真实的世界，用真实的养分滋润心田，探寻生活的真谛。

参差书屋不是世界本源，却创造了帮助参差会员，通过不同体验寻获通向这本源的钥匙。

缘，妙不可言！某一个夜晚，在武汉、一群人、一场聚会、一份美好，竟在参差书屋！

我与书屋

HUI

与书店的缘分好似与生俱来，我的第一份职业是武昌新华书店的一名临时工，喜欢书其实读书并不多，更多的是喜欢书店空气中弥漫的那份淡淡的，由每一张纸、每一本书混合出的书香。那时的书店并不像现在这样注重空间的设计，但干净明亮，且大多时候是安静的，静得可以听到手指翻动书页的声音。这份有声似无声的静，这份混合着纸香的味道，让我的内心安住。为了这份心安，我拿着低微的工资断断续续在这间书店坚守了两年，渴望成为书店的一名正式员工，但最终未能如愿。此后，我成为一名教师，与书的缘分在，但与书店的那份情愫，我只能将它包裹着小心地存放起来。

来不及思索，也不知去思考什么，生活的列车载着我疲惫地向前奔跑，为了眼前的烟火，我似乎已忘却那份诗意的书店记忆，我以为它会就这样从生命中抹去。2008 年在工作、生活的双重压力下，我疲惫、焦灼不安，为了医治自己的这份焦虑，我再次寻访身边的书店。这时我发现，在周边，已静悄悄地活着好多姿态各异的美好书店。十多年间，我无数次地寻访这些书店，成为它们的座上客。寻一个角落，拿一本书，有时并不是看书，而是静静地发着呆，或是买一杯咖啡或茶与这里的主人、与经常来这的客人闲聊。在这些大大小小的书店里，我读着书上的故事，也读着书店中人的故事，这些书、这些人，书店的一器一物，都在丰富着我，也治愈着我。治愈这个词是近几年才出现的，自己为什么喜欢书店，为什么喜欢在书店待着，当初我并不知道。历经近十年，在多看了几本书、多走了几段路、多遇到几个人之后我才恍然大悟：人间不易，每一个人都有着别人看不见的伤，都各自在寻着治愈自己的药。就像我喜欢泡书店或书屋，而有的人喜欢打麻将，女人喜欢购物，男人喜欢喝酒一样，没有好坏，没有对错。生活中的每一个人都有着自己的腔调，都在唱着自己的生命之歌，在不伤害他人的状态下，每一种生命都值得被尊重，每个人的歌声都丰富着这个参差多态的世界。

十几年的时间看着大大小小的书店从青涩的幼苗到长得枝繁叶茂，我总是充满欣喜，希望它们一路长好；十几年的时间也见证无数的它们萎靡不振，乃至消失，我像痛失友人一样地难过。2008 年例外服饰在销品茂开了武汉第一家卖场，它也是第一个把书店开在卖场的服饰店。现在这个服饰品牌还在，书屋空间不在了，让人遗憾，这间书屋曾经感动过无数类似我这样的人呀！好在这个空间曾经的主人——马可，成为我亦师亦友的朋友，又在北京、珠海重新建立了“无用”生活空间，这个空间不仅仅是书的空间，还引领一种生活态度、一种生活方式。我常常会在周末飞到北京的无用空间，静静地待一整天，好像一个饥肠辘辘的饿鬼，饱吸着这里的雅气、静气、自然之气之后，才有力量在现实生活中行走。做一个无用的人，过无用的生活，也成为自己的精神生活追求。

跟着“德芭与彩虹”书屋搬迁的脚步，我从江南走到江北的武汉天地，或在一个有阳光的下午，或在一个温馨的夜晚，与书店的女主人陈嫚以及来这里爱书的朋友享受着时光流逝、岁月静好的日子。2014 年 10 月“给孤独的人开一家温暖的好书店”的陈嫚因病去世。自己有着苦难的人生，却始终给别人带来微笑和阳光，陈嫚和她的书屋再次让我体悟到“什么都不是爱的对手，除了爱”这句话的含义。我在为陈嫚难过的同时，也萌生了开一家这样的书店的想法。开书店，以爱育爱，与美好相遇，成为我的一个梦想。武汉的很多书店我都拜访过，如文华书城、卓尔书城、弗弗里西书店、物外、境自在、时见鹿、小鹿斋等。这些书店中去得最多的是文华书城，因为离家近，我常常带儿子在那待一个下午，儿子的阅读兴趣在那儿得以养成，不知这个好习惯是否会伴随他的一生。

如果能开一家书店让更多的人喜欢阅读，多好。怀着一颗感恩的心，我开书店的梦想越来越强烈。2020 年 5 月，文华书城从汉街消失，我和儿子都好难过，随后去寻访武汉其他几家文华书城，终究没有汉街这家称心。

从 2010 年开始，我就作为一个背包客独自行走，每到一个城市我都要去寻访它的书店。印象很深的是以下几件事：因为看了《查令街 84 号》的电影，又读了这部小说，假期我专门飞到英国寻找这间书店；听说台湾的诚品书店 24 小时营业，我到台湾下了飞机第一站就直奔诚品书店并待到深夜；每到一个城市，我都要到这个城市的书店买一本书，这些书不仅仅是书，它也是我行走足迹的见证。

三年疫情，眼见着一家一家的书店消失，我想开一家书店的勇气也逐渐低到现实的尘埃中，但泡书店仍然会占据我大部分业余时间。今年 9 月下旬的一个夜晚，一群爱好音乐的朋友把我带到参差书屋。严格说这里并不是一间以卖书为主体的书店，但最先吸引我的还是靠墙的那一排书柜里的书。那天夜晚走进书屋，我大致扫了一眼整个屋子，就直接走到书柜前。书不是很多，八九个书架的书，我快速地看了一遍书名。从书名、书的出版社中很快有了这样一些初步的判断：书品不错，偏重西方哲学、文化、历史等，三分之一的书我都有，但是关于西方哲学、思想类的书我读得甚少，需要补上这一课。虽然已是弗弗里西书店的会员，但我马上就到吧台去办了卡，成了一名参差书屋的会员。因为离工作单位近，我大多的业余时间都在此度过，不仅是看书，还有周四的电影日、周五周六的音乐会。偶尔要一杯威士忌、时常与这里人的神聊、抽着老韩给的雪茄都是一次次美好的体验，这些美好流进我的血液，时常让我触摸到自己脉搏的跳动，时常提醒我人间值得。参差书屋的故事才刚刚开始，篇幅有限，我只能讲这一点点，精彩的在后面。

年少为了生计被迫读书，现在为了精神上的那点需求，真正想读书。读了书自然有思考，但我很懒，不仅是懒，也无自信，对自己的文字功夫不自信，不敢记录所思所想。感谢森哥发起这个写故事的邀请，让我此刻重新拾掇起我与书店、书屋的种种美好，这些美好像一束光，引着我朝光亮的地方走，这样我也似乎越来越有光了。再次感恩所有的书店或书屋，遇见你们真好！

参差书屋电影篇

HUI

我自以为看过很多好的电影，但成为参差书屋会员后，才知道还有很多好的电影没看过。20 世纪八九十年代我们在电影院是看不到国外的好电影的，普通百姓都是通过看盗版的录像带、碟片来观看了解好的电影，乃至于那个时代的年轻人，基本上都是通过这些盗版电影，才喜欢上电影这门艺术的。父亲去世后，没有了生活来源的母亲要自食其力，52 岁那年在我和弟弟的帮助下开了一间出租录像带的小店铺，从出租录像带开始到卖 VCD、DVD 的碟片，那些年这些盗版的录像带、碟片让我有机会看到很多好的电影。而有幸能看到很多正版的电影，则要感谢好朋友陆峰君，因为他喜欢收藏正版的影碟。正版的影碟肯定要比盗版的体验感好，但对于我的收入来说，看正版的碟片是个很奢侈的行为。那个时候并不明白，好的电影对我们这代人来说就是一个奢侈品，它不仅仅有经济上的限制，也有认知品位的局限：没看过好电影，你怎么知道什么是好的电影；更多的是心理设定的障碍：没看过好电影，并不是没有好的电影。虽然看过很多好的电影，但如何欣赏一部好的电影，我的品鉴元素很单一，只会从内容的深度去赏析。

来到书屋后，每个星期四的电影日，跟着森哥看电影，从多维的角度去观赏一部好电影，对我来说是一种快捷地提升自己鉴赏能力的方式。森哥说他有拍电影的梦想，并且也写过一部电影剧本。虽然他的梦想还没实现，但他研究过电影，是懂得电影的。所以每当森哥推荐我们看一部电影的时候，我都会刨根问底他推荐的理由，并且提议看完后我们一起交流讨论。一千个读者有一千个哈姆雷特，每个人的个体经历不一样，视角不一样，大家相互交流一下，会有很多的启发和丰富。我的提议得到森哥的赞同，每次看完电影后我们都会谈谈自己的想法，当然最后谈的、谈得最多的还是森哥。生活中的他话很少，但谈到好的电影，他就变成了一个“话痨”。他对电影的理解总会出其不意，当你以为对这部电影的理解已经很丰实了，他却又突破你的局限，引导你去关注你还没看到的那一个点。在书屋看电影，听森哥谈电影，让我对“人性”有了更多元、更深层的触碰。

《健听女孩》是森哥推荐书屋会员看的一部电影，故事内容并不离奇，一个关于家人之爱、自我选择、相互成全的故事。但是故事的表达方式非常细腻，这种细腻的表达是我第一次在电影中看到：先天有听力障碍的爸爸、妈妈和哥哥到学校参加家里唯一个无听力障碍症状女孩露比的演唱会。让三个听障人士听音乐，这是一件非常残酷的事，但是有多残酷呢？我们正常人无法感受，这里导演做了一个很巧妙的处理：在露比和迈尔斯表演二重奏时，忽然悦耳的歌声消失，导演按下的消音键让我们每个看电影的观众和电影中的爸爸妈妈、哥哥一样，听不到声音，感受不到女孩露比用音乐传递给他们的爱，感受不到沉浸在音乐中的愉悦。但坐在三个听障人士身边的观众却完全沉浸在音乐中，或兴奋地打着节拍，或激动地抹着眼泪。导演用这样的设计把观众带入到影片中，听不到、感受不了、讲不出，一出生注定被这个世界抛弃的痛，或多或少地撕裂着你、我这些观影人的内心，直抵我们心中的柔软。我是个泪点很低的人，很容易被感动，当时电影中的这一幕顿时让我双眼潮湿。但我没想到的是，森哥也流下了眼泪。成为书屋会员后，我来书屋次数很多，与森哥接触算是多的，但彼此话不多，他给我的印象是有点硬、有点冷。看到森哥流泪的那一瞬间，我是有点蒙的，甚至也有点不安，看到他的柔软，好像偷窥到他的隐私。

森哥推荐的每一部好电影，《天堂电影院》《三块广告牌》《老爷车》《外套》这些获奖影片等都是对人性或多元，或深刻的挖掘与反思。其实，不光是电影，其他的艺术也是如此，对人性的充分挖掘，那份深刻才是艺术的最高境界，才能抵达人的内心，让我们的内心柔软。参差书屋的推文中多次提到森哥和他的伙伴办书屋的目的：为 20 世纪 60—80 年代的人提供一个精神家园，让我们本无意义的生活更丰富一些，更有趣一些，从而让我们本身更丰富，参差百态乃是幸福本源！森哥推荐的电影引导我们对人的关注，对自我个体的关注：我们的文化、我们的教育常常会让我们“目中无人”，我们不懂得尊重自己，“集体利益高于一切”让我们陷入不关注个体本身的泥潭，我们习惯被束缚，精神上麻木，创造力躺平，我们无力看到深刻多元的艺术、丰富卓绝的创造。我们透过电影，进一步来照见自己，也进一步去看待这个客观的世界。

因为懂得，所以愉悦。懂得一部电影中的人物表现、音乐、叙述方式，思想的深刻，生命中的那份愉悦是无法言说的。所以一个人看一部好电影，是美好的，一群人看一部好的电影更美好，而当一群人看完电影还互相传递这份美好时，其中的你可能就心生一份感激，感谢参差书屋能让我们与这些美好的电影遇见，能让我们这些看电影的人在生命中彼此遇见！

参差书屋音乐篇

HUI

对音乐我是喜欢的，但现在什么乐器都不会。曾经也不是什么都不会，初中时候应班主任要求我买了一把口琴，自己靠着口琴简谱咿咿呀呀地学会了好多首曲目，少年已识愁滋味，这把口琴帮我排解了很多年少时的愁绪。20 岁左右时结识了一帮玩乐器的朋友，买了一把吉他，在一个叫桂斌的贝斯手的指导下，在手指头磨出厚厚的茧后，我也会弹一些不太复杂的吉他曲了，随着那些人南下做乐队。我终究被世俗的生活拉扯到柴米油盐中，我的音乐爱好也被遗失在那段岁月里。

虽然现在我既不能歌也不能舞，但是一番生活经历后，我了然到音乐是我独处时最好的朋友，它应该是每个人生活中的必需品，特别是现在的孩子——未来的社会人。音乐的感知力、艺术的审美能力，既是他们幸福生活的能力，也是他们在孤独时最好的慰藉。为此，身为校长，我在学校大力开展音乐教育，成立了很多的音乐社团，因此也结识了很多懂音乐的朋友。因为自己不懂不会，对那些懂音乐的朋友总是心生敬畏，对特别有才气有灵气的音乐人总是心生羡慕和尊重。

与参差书屋的缘分也是因这帮玩音乐的朋友而起，他们把我带来成为会员，我也成了这里的常客。近两个月，每个周末的音乐沙龙是森哥和曹老师费心地安排，近 20 场音乐沙龙络绎缤纷，精彩各异，现场总是让人震撼：古典钢琴王子袁翀的边弹边聊，每一首曲目演奏前，都会对钢琴曲的背景和特点做一个介绍，这个环节对我这个古典音乐小白来说太重要了。虽也听过几次古典音乐会，可能从没走过心，以至于那天在书屋听到柴可夫斯基的《船歌》时，我很兴奋，怎么会有如此抵达人心的音乐，我怎么才遇到它呢？书屋安排袁翀每月来书屋演奏一次古典音乐，这对我来说真是福利、幸运；郭进的边喝边唱，他的歌唱醉了我们，自己也酩酊大醉，他的才气绝对高于他的酒力；王威带来的 The Gents 乐队用爵士乐嗨翻了全场，让每个人都沉浸在对音乐的热情、热爱中；张权的手碟、竖笛是来自骨子里对音乐的喜爱；阮博士的古琴荡气回肠；罗芬的女中音迅速把我们带入欧美的经典歌曲；裴佳妮、王添翼后生可畏。他们的音乐是专业的表现，但他们目前都不以音乐为生；还有那位被朋友带来书屋玩的音乐人王亚，那份天然与纯粹是用灵魂在无语地歌唱……已有些名气的冯翔既是书屋的股东，也是常出现在书屋的歌手，他的这种双重身份让他在沙龙中的表现与其他音乐人有所不同，特别的放松，常常是一边唱一边天南地北地聊，对于他来说，在这里不是唱歌，而是与自己对话，与能懂他音乐的人对话。在书屋听了冯老师三次音乐会，虽然每次《汉阳门花园》都是他的必唱曲目，但他还有很多歌不比这首歌差，只是这些歌没有迎合这个时代，或者说这个时代不需要这些音乐。从他的歌声中我听到了他对这个时代的思考，看到了他的落寞，也看到了他在人群中的孤独。书屋里还有他写的一本书《和一张椅子谈音乐》，书中到处都是他自己画着的一张张空着的椅子的插图，为什么要画椅子？为什么要和一张椅子谈音乐？一次我问他。他笑着对我说："没有人呀？"我现在还记得他当时说话时那种有点夸张的轻松，我无言以对，赶紧低下头掩饰一下不知说什么的尴尬：他的《汉阳门花园》已唱到中央电视台了，但他的才气依然没有被这个时代接纳。

大多数人过 40 岁才会思考，才会去总结自己：自己是谁，自己要到哪里去？这个选择要么孤独，要么庸俗。参差书屋的推文说：书屋是 20 世纪 60 年代至 80 年代这群人的精神家园，我理解它既是孤独者的栖息地，也是庸俗人的修道场。近 20 场音乐沙龙是我们这些会员的精神盛宴，不同的人都在这些音乐中或修复、或抚慰、或提升自己，这里也是音乐人展示自己的平台，他们需要来表达、被认同。我们的生活需要音乐，我们的城市需要有越来越多的参差书屋。然而，当下，谁又有勇气和担当去做这件事呢？我佩服参差书屋的这群创始人：森哥、老韩、曹老师、沈同学（他夫人是我校友），他们有勇气也有眼光给我们这个浮躁又略显病态的时代配了一服良药，这服药就是好书、好音乐、好咖啡、好酒……这服药医治着好多灵魂有趣的身体，让他们对生活依然热爱，依然有情怀。这世间，唯有热爱，才抵岁月漫长；唯有情怀，可度人间薄凉。

参差书屋人物篇

HUI

参差书屋主人森哥曾多次在推文里说，参差书屋有好的咖啡、好的书、好的电影、好的音乐，要成为会员精神的家园。作为会员的我在短短的几个月时间里，已经有了很多美好的体悟。这份美好承载着森哥和团队成员的梦想和智慧，也记录着他们对书屋的付出与用心。

书屋是有梦想的，经过改革开放三十年，20 世纪 60 年代至 80 年代的这一代人物质生活得到了改善，但精神生活还需唤醒。关注这个社会话题的森哥，鼓动几个对生活有点想法的人一起打造一个让自己舒服，也让他人想待的空间：参差书屋。“参差”两字既是书屋的名字，也是他们对生活、对生命的一种认同：丰富且多元！书屋发起人是森哥，日常主理也是他，他在书屋中的角色是多元的，负责书屋的理念、发展模式、推文宣传、活动主持等。书屋的其他股东负责着书屋的其他事宜，如曹老师负责书屋的音响设备及音乐活动的策划，老韩负责书屋的文化创意等，他们也都是60年代至80年代生人，所以他们非常清楚怎样去选择适合这个年龄段人的咖啡、音乐、书、文化活动等。

他们常常亦主也亦客，一会儿作为客人或朋友与你聊天神侃，一会儿作为服务生为你端来一杯咖啡。他们每人都个性十足，但在一起也能求同存异，默契自然。每一个人都有一份自己的美好：来书屋我最先认识的是股东沈同学，他站在吧台里忙前忙后，一会儿冲泡咖啡，一会儿制冰配置威士忌，那种熟练程度让我把他当成了酒吧服务生。但一个人的气场是藏不住的，我需要办张会员卡，与他简单交流几句后，我就知道他绝对不是一般的工作人员。因孩子的教育问题我们聊了几个话题，有了一些对教育的共识。那天我第一次喝威士忌，不知酒性也不知酒量，走的时候跑了单，回家想起才被告知已被沈同学买了。作为股东，沈同学来的时间不多，但每一次来就是忙着买单，有时为一桌子的人买，有时一个人站在吧台自己喝。自己喝也是一套程序下来：取冰、倒酒、买单。作为一个上市公司的老总经常来此当服务生，这种身份的转换于他而言是一种放松，也是一种智慧，把自己往低看些，别人就会把你往高看。他的这种平常，是不是会让走进书屋的人觉得他不平常呢？

书屋有一间烟斗室，也是老韩的工作室。走进工作室，大多时候会看到老韩埋着头，做着手工活。如果不是介绍，你绝对不会相信那些造型各异、特色俱足的包是他制作出来的。在书屋封控期间，我几乎看到了他制作一件黄色皮羔羊外套的全过程。飞针走线间有份严谨，有份细腻；绘制衣服背后的“革命往事”人物图又是一份心思，一份创意。当你觉得他是一个懂艺术的工匠吧，与他交流一下，又让你吓一跳，他的言谈透着对西方哲学的深度思考，是一个妥妥的思维缜密的理工男。而当他在书屋群里拍卖他的一些小玩意，各种古董杯子时的那份神情，又好像一个大男孩卖了心爱的玩具似的，有着种种舍不得。

书屋的音响效果棒棒的，这要归功于曹老师。每周有三天的活动都需要音响，曹老师是从不缺席的。曹老师在武汉音响界多年承接各种演出活动，与武汉的文艺界人员有广泛的交往。书屋的各种演出活动都是曹老师与森哥一起商议安排，为了音乐表现的丰富性，他们可谓费尽心机，到各个驻唱酒吧挖掘新人。很少听曹老师说什么，总看他摆弄着各种音乐器材。一辈子都在做自己喜欢的事情，也是让人羡慕的。曹老师小提琴拉得不错，偶尔会在乐队里客串一把，当端起小提琴那一刻，他神采奕奕，帅极了！

森哥是书屋发起的创始人，在书中有许多他的介绍：作家、王小波的粉丝、咖啡培训教父……这些身份在他的篇章中有很多详细的介绍，我就不在此赘述，但我想写一点他在书中可能没有写到的方面，他的父亲角色。他在书中《孩子，我愿你慢慢长大》中的一篇《望子成人》，字里行间透尽一个父亲对儿子的爱和对孩子成长中叛逆的无奈，语言平实但情感真实。从一个教育工作者的角度看，男孩的成长需要父亲的陪伴，但大多数爸爸忙于自己的事业而对家中男孩的陪伴甚少，导致男孩长大后的性格刚性不足。从这篇文章看，森哥陪伴儿子较多，参与了儿子成长中的每一个阶段，无疑他们父子都是幸福的。来书屋这段时间，森哥经常晒娃，儿子长得帅歌唱得也好，真是值得晒，这份对儿子的柔软，森哥是从不掩饰的。人群中的森哥绝对是个中心人物，他侃侃而谈，有时会爆几句粗口，爱憎分明都写在脸上。现下，在看多了戴着面具的脸后，他的这份真实实属难得。

参差多态乃是幸福本源，几个参差各异的人带着这样的想法走在一起创办了参差书屋，各美其美，美美与共，他们鲜明的个性给书屋带来丰富有趣，也注定为书屋赋予了特定的气质：让我们灵魂自由，且与美好相遇。

我眼中的参差书屋

周治涛

叙利亚诗人阿多尼斯说“孤独是一座花园”。我想，真正能享受孤独的人，应该是幸运的。这个世界，大多数时候，都充满了热闹和喧嚣。车辆奔跑，钟表嘀嗒，日程排得满满当当，应酬接二连三。因此，我们不得不将已经削减了、少得可怜的闲暇分配给家人、朋友。不必说孤独，对很多人来说，譬如我连闲暇都是奢侈的。直到我遇见参差书屋。

在繁忙的日常中，因为朋友引荐，我了解到参差咖啡，以及它的创始人王森。这个50多岁的武汉人，是国内业界鼎鼎有名的“咖啡教父”，他曾在8年时间里创下了为4000多名咖啡创业者开班授课，其中有3000多人开店创业的纪录。他写过很多畅销书，做过很多有趣的事情，但最让我受到触动的，是他这次通过参差书屋所传达和分享的生活理念。

在快节奏的生活中，当你学会抽离自己，去感受一种全新的生活节奏时，你会发现一直困扰着自己的，并不是繁忙，而是缺失。春天的樱花停车场，秋天的银杏叶，各自在黄鹂路收集着粉色的浪漫和黄色的热情。如果你碰巧路过东湖路 181 创意产业园，你会发现，这些元素在参差书屋兼而有之。

它给你的，也许是一本书的时间。穿过创意产业园的一条小路，拾级而上，抵达这个“藏起来”的公共空间，映入眼帘的有熟悉或者陌生的书名，在书架上参差排列，诗歌、散文、美学鉴赏、艺术设计……很多书并不销售，更像是一种推介。

午后时光，一人一书，静下心来。优质的生活离不开学习，以书为伴本身就是最纯粹的娱乐，阅读当然也是享受孤独最自在的方式。它给你的，也许还是一杯咖啡的温暖。醇香的手磨咖啡，在被端到面前的那一刻，就仿佛要熨平生活的褶皱。喜欢喝咖啡的人都知道，太稀罕的咖啡进价高，售价也高，但是在这里，地道的蓝山咖啡却便宜得令人惊奇。店员引以为豪的顶级咖啡平价喝，是参差书屋的会员专享服务。

当然，它给你的远远还不止于此。不管是好友小聚，还是访客接待，一餐干式熟成牛排系列的西餐，绝对格调满满。优质的食材，搭配美酒，让你的诚意体现得淋漓尽致。作为会员的增值服务和福利，参差书屋也会组织各种文化福利活动，比如：各种形式的音乐会，读书分享会，生活知识类分享会，艺术类，心理学类，健康养生类，电影分享会，兴趣手作课程，人脉和社会资源分享会等。

武汉著名音乐人冯翔也是经常出现在参差书屋的艺术家之一。喜欢武汉城市文化的人，值得到此听一曲《汉阳门花园》。

在冯翔现场演唱的老歌新歌里，感受一段挥之不去的武汉情结。

在武汉的东湖路，这条文化单位云集的“文化长廊”，有一处这样多元化且精致的文化空间体验，着实让人能感受到惊喜。它的多元，甚至会延伸到非遗、收藏、手作等更加小众的互动领域。你绝对想不到，这里竟然还开辟了一系列的主题工作室。

工作室里，有怀旧的磁带和碟片，里面是尘封了的时光；工作室也是雪茄烟斗室，有正宗的进口典藏，难得一见；工作室还是一间手工作坊，有精致的皮雕刺绣，甚至各种皮艺工具和缝纫机都一应俱全。工作室里还有书法案台、钢琴吉他等，仿佛一个迷你版的艺术馆，当你置身其中，瞬间就能将你身上的文艺值拉满。

是的，它不仅仅是一个书屋，它更像是一个可以让心灵栖息的后花园，它能与繁忙相对抗、与喧嚣相对抗、与空洞相对抗，从而不断赋予我们对生活本身难能可贵的品质追求。

在如今快节奏的都市潮流之中，或许我们早已不再满足于最基本的物质供给，当我们开始享受孤独，开始寻觅更加轻盈的精神愉悦时，以我的体验而言，参差书屋会是一个不容错过的“精神花园”。

参差书屋里的一次生日趴

林玲

2022 年 8 月 26 日周五下午，好友 LH 邀约我们去家新开的书屋。走进书屋，首先映入眼帘的是整整一面墙的书籍，一张张餐桌上也摆满了各类书籍，吧台是咖啡店的标准配置，空间的另外一部分布置成了一个小型室内演出舞台，有各种乐器、音响。用过精致的中式晚餐，老板森哥过来给我们介绍他的经历、经营理念和愿景：以类似山姆会员店的会员制方式，安排一年内不少于 100 场的演出，提供一个武汉人的公共会客厅，为共同爱好者打造一个精神家园。

令我们意外的是，当晚就有一场“打卡乐队”的演出。“打卡乐队”是二人组合，成立于新冠疫情防控期间，专攻城市民谣。第一次这么近距离地倾听音乐人的演出，尽管我是一个音乐门外汉，也被深深地打动，当即决定办一张年卡，成为参差书屋的第一批会员，编号 028，从此开启了我与参差书屋的不解之缘。自加入会员迄今已近五个月，关心、参与参差书屋的各项活动，成为我生活的一部分。上周森哥发出邀请，向会员征文《我们与参差书屋》，我于是也试着总结一下我与参差书屋的关联。

1. 痴迷的观众。成为会员之后，我给家人描述参差书屋，他们都很不理解。我作为一个经济学教授，并不算音乐爱好者，且无追星的过往，为什么会对这么一家书屋感兴趣呢？正是因为我对音乐并不内行，却充满着对音乐的热爱和希望学习、了解的心态，使我愿意花时间在看起来无用的事情上。这五个月间，我观看了 20 多场次的各类演出，可以说超过了过去 20 年的总和，成为参差书屋忠实的粉丝、最大的受益者。所以我每天朋友圈的主题都是感恩生活，感恩遇见。

2. 热心的分享者。我一有机会就向朋友们分享，希望有更多的朋友能了解，在我们的身边有这么一个值得消磨时间的好地方，我邀约了十几个朋友来过参差书屋，其中大部分都成了会员。

3. 自愿的记录者。作为一个摄影爱好者，我每次去参差书屋的时候，都带着我的富士微单相机，记录艺术家们演出时的精彩瞬间。回家后的第一件事就是导出照片，分享到会员群里，常有佳作被森哥选中，编入他的朋友圈或者每周推文，我被会员们戏称为“御用摄影师”。

4. 第三类关系的连接者。人际关系有两种：一种是有血缘的，另一种是非血缘的，而森哥在一篇推文里提出了第三类关系。森哥所谓的第三类关系主要是指没有利益瓜葛，只有相互陪伴、欣赏和帮助，大家志趣相投，无话不谈的这种美好、最让人舒服的人际关系。参差书屋正是这种第三类关系的发生地，因为有了参差书屋，我有了好多“咖友”，让余生变得丰富、有趣而精彩。

5. 会员福利的享受者。偶然在会员群里提及 11 月 15 日是我的生日，HUI 建议就在参差书屋搞一个生日聚会。我邀请了同为会员的几位好友，在参差书屋享用战斧牛排大餐。有 HUI 送的鲜花，WEN 和 LAN 送的生日蛋糕，LH 带来的葡萄美酒，曹老师和王亦蒙的小提琴与笛子的表演和伴奏，芥末的独唱，HUI 的诗歌朗诵，最后大家大合唱并合影留念，满满的仪式感。这个内容丰富的生日，值得回味。

最后，借用樱为生日聚会创作的诗歌，表达大家对参差书屋的共同感受：

亲爱的 L 童鞋：
在温润如玉的年华，
可爱的参差连接上了我们，彼此陪伴拉开了多彩的时空。
我想说，人生最美是陪伴，
于是在参差便有了与君初相识，犹如故人归的诗句；
人生最真是陪伴，
于是在参差便有了与君一樽酒，竹影花香最美好的感觉；
也正是因为有了参差，才有了不一样的陪伴。
所以，生活才有了温暖，

所以，来日才有了期盼。

在今晚这样美好的时光里，让我们道一声：

L 童鞋，永远 18，青春永驻！

所以，参差书屋就是一个充满魅力的精神家园。感恩有你——参差书屋！

“缘”来如此“参差”

李红樱

发现“参差”

这天上午，我无意间刷到了慧慧发的一条朋友圈，标题是：去了就想待的地方——参差书屋。要知道这位美丽的慧慧是我20年前调入新小主持行政工作的搭档，她的知性、优雅源于书香的浸润，所以，她推介的地方应该不错，而我也正在寻觅一方与众不同的书屋。于是，就有了我与慧慧的一段对话和一次约会。一切都刚刚好，不早也不晚。发现参差既属偶然，也是必然。

走进“参差”

当晚，好久不见的我们如约而至。慧慧盘着发髻，身着一件暗红格纹的旗袍，素静安然，古典韵味十足。同行的还有彦，我们一起怀着好奇去探访书屋。

参差书屋坐落在武汉东湖路楚天文化创意园，紧邻湖北省博物馆、省知音传媒集团。在清朗的夜色中，我寻觅书屋身影，竟发现书屋的门牌标识仅为一盏不够亮眼的长形灯箱，稍不留神就会擦肩而过。灯箱对应的是一道略显狭窄的门廊，昏暗的灯影下，有一席台阶。拾级而上，在楼梯尽头，赫然呈现一面灯火通明的原木书架，占据楼道转角的整面墙，大部头书籍有序摆放，没有任何遮拦，书籍随手可得，一刹那，让我对书屋主人顿生好奇之心。

转过两层楼梯便来到书屋，轻按门铃，一位戴鸭舌帽的中年男士为我们开启书屋大门。门内是三尺见方的过道，全木质的，颇具日式风情。仄身左转，一间百十平方米的书屋映入眼帘，好一味书屋！一阵浓郁芬芳的咖啡豆香扑鼻而来，深深吸入肺腑，让人情不自禁闭眼，想让这股香气多停留片刻。书屋不大，长度约为宽度的三倍，几张略显粗犷厚实的木质桌，把长形书屋用“S”形隔成三个区域，两个凹陷的S区就是表演区和咖啡制作区。书屋的顾客三五成群，品鉴着书屋的西式餐点，呢喃细语。那晚人不多，但从上到下、依墙而设的原木书架，还是让书屋显得些许拥挤，却丝毫不影响书屋带给我的别样感受。

屋内有着清雅、文艺的设计风格，创意十足。整个空间以书为主题，各种题材，不同类型的书籍有序陈列。书屋主体色彩为咖色，咖色系的竹编屋顶、小提琴装饰着墙、书架、吧台等，给人以朴素、含蓄之美。明亮的暖色系灯光和错落有致摆放着不同品种的绿植，营造出时尚又温馨的、被书包围的氛围。

我们选好位置，静静地坐下来，静静地徜徉在书海里，妙不可言。这唯美、静谧的情调让我好生喜欢，这样的遇见，或许就是一种缘分吧。

没错，走进“参差”，去了就想待！

爱上“参差”

后疫情时代，我们是不是特别容易被恐慌、焦虑、浮躁、疏离等复杂的情绪左右？答案是肯定的。那如何疗愈呢？我亲测后的体验是：来吧，朋友，爱上“参差”，共享美好！

参差书屋的独特之处在于其复合型经营模式。这里为会员打造了一个连接文学、艺术、音乐、咖啡和美食的平台；是一个沉浸其中就能与经典对话，远离烦恼，拥抱宁静，净化心灵的场域。

三五次与书屋相约后，便认识了一群人。书屋的主理人，那位戴鸭舌帽的森哥，50 岁出头，身形挺拔，白色的 T 恤衫，石磨蓝牛仔裤，时尚简约，与书屋的格调相互映衬。森哥常穿梭于会员之间，偶尔客串，清唱一曲。以诙谐幽默的聊天、不输歌手的演唱，迅速拉近了与会员之间的距离。林姐姐和林妹妹是我在书屋结识的新朋友，大学教授。第一次与她们接触是在参差电影日那天，我们一起聊观影后的感悟，我被她们独到的视角和深层的思考吸引。她们善谈，乐于分享自己的生活，衣着精致得体，风轻云淡间尽显温润如玉的美好。每周末的音乐会，让我认识了一些日常生活圈外的人。武汉音乐学院研究生、古典钢琴王子袁翀，倾情演奏世界名曲，从最早的巴洛克时期的巴赫，到古典主义时期的贝多芬、莫扎特，再到浪漫主义时期的肖邦、舒曼、门德尔松等，这些曲目或精巧典雅、纯净舒缓，或醇厚激昂、粗犷野性，让书屋中的人，顿时放缓了白昼纷繁杂乱的心绪，用心聆听，在音乐的流淌中产生共鸣，感受生活的真谛。曲终，掌声四起，我真切地感受到了音乐疗愈人心的魅力。王威的跨国组合乐队带给大家的是激情四溢的异域风情，大家会情不自禁地随着强劲的鼓点摇摆。武汉摇滚音乐老炮，为乐痴狂的冯翔，当他唱起原创的歌谣，那乡音，那乡愁，怎不让人沉醉其中，当听到他深耕事业背后的艰辛和执着，又怎不让人心生敬意……

何其幸运，可爱的“参差”就这样连接上了我们，于是，在“参差”便有了与君初相识，犹如故人归的诗句；更有与君一樽酒，竹影花香最美好的感觉。

感恩遇见，“缘”来如此的“参差”！

卸下面具，照亮彼此

余　莎

引　子

知道参差书屋，还是拜一位历史建筑导览志愿者的推荐。我在他的朋友圈里看到他发了一条短视频，居然是武汉方言民谣音乐人冯翔老师，顿时来了兴致。闲聊过后，他极力推荐："这家新开的参差书屋，你可一定要来看看，实在是太牛了。"探访独立书店，一直是我感兴趣的事情，听他一说，此事便在心中埋下了种子，于是我迫不及待地去书屋实地考察了。

书屋不大，干净整洁，原木材质的装修风格，透着一股贵族的味道。书架上《论不服从》《民主的细节》《日本的迷失》等书，很多都是我买过的，当时一下子脑海中闪现"气味相投"四个字。展架居中是一本略微泛黄的《中国文化的展望》，随手翻看殷海光三个字跃然入目，这正是当晚"学人 Scholar"公众号线上讲座介绍的学术大家啊！我在这本书中，第一次知道了殷海光是谁，以及他与李敖的师生关系，参差书屋的主理人说他特意去台北参观过殷海光故居。

相　信

参差书屋最打动我的是，通过这个公共场所，原本并不相熟、不同的人在相互交流中，卸下面具，逐渐打开了彼此的心。记得有一次几个朋友聚在书屋，原本只是看看演出，如常唠唠家常和八卦。虽然看起来兴致勃勃，但其实心里似乎都觉得有那么一丝乏味。其中一个朋友，忽然讲述了自己疫情防控期间看《中国文化的展望》的体会。整个聚会，好像就从那一刻开始变得不同。每个人，都开始慎重又真诚地把藏起来的某些最深刻的心得体会展开一角，分享出来。在彼此的交流之中，每个人从这种无保留的分享中，感受到新的激发与勇气。到最后，大家不仅收获了彼此的陪伴和支持，而且不知不觉中形成了某种深度的连接。

我一直在思考，是什么让大家在这个空间里产生了如此奇妙的化学反应？大概是因为我们有共同的人生经历和思考，我们都知道攀爬的艰难，知道人生的不易。我们的骨子里都蕴含着桀骜和激情，内心都存着好多美好，表面上都维持着面具。到了晚上，我们都希望卸掉面具，看到彼此美好的一面，聊聊诗词歌赋，聊聊人生哲学，聊聊风花雪月。这样的打开、交汇、连通、激发，正是我们多年来一直期盼的灵魂碰撞。

价　值

如今，社会变得越来越陌生化，每个个体变得越来越孤独。三年时光，改变了所有人原来的生活轨迹，孤独和彷徨让我们越来越渴望回到对群体生活的渴望。而参差书屋就像一个精神世界的乌托邦，承载了我们最原始的渴望。我们笃信个体价值与群体智慧。在参差书屋，我们将互为师友。在这里，你将会收获：

1. 深度读透一本好书

后疫情时代一个明显的变化是，读书时更愿意自讨“苦”吃了。很多以前读不进去的书，沉重的、历史的、遥远的，都变成了切身的、可感的、亲近的。也正是这一年，我深刻体会到毛姆所说的“书籍是人类随时携带的避难所”。曾经觉得“历史巨轮”几个字浮夸又做作，但此时沉心阅读，身心有了被巨轮碾过的切肤之痛。我们透过沉甸甸的现实和残酷的历史行文，触摸真实世界的样貌，重拾对时间本身的信心。

2. 思想文化交流的空间

17 世纪的古希腊，咖啡馆作为“广场文化”的公共空间，承载了信息交流的功能，是市民交流的重要场所，也是近代公共空间的最初模样。随着社会的发展，咖啡馆的信息交流的公共空间属性被弱化，更多转向于休闲娱乐的功能。而如今参差书屋作为书店与咖啡馆的综合业态，重拾了这一重要功能。

3. 连接彼此支持的伙伴

哲人西塞罗认为，只有对生活、社会和世界有切身和确切理解的成熟人，才能建立稳定的友谊。这意味着真正的友谊发生在思想成熟的年纪，而参差书屋会员的年龄恰好就处在 40—60 岁的“黄金一代”。书店每年 100 多场活动中，通过观影、对话和分享，会员在彼此激发中，形成一个有温度、有干货、有能量的社群，成为彼此前行路上的伙伴。

4. 意想不到的新可能

牛津大学社会人类学教授项飙老师说，由于社交媒体的扩展，我们的时间变得碎片化，缺少了面对面的生活世界的交流。我们在社交媒体上展开了一种或是碎片化的，或是单向式的，或是匿名化的交流。在这样的情境中，我们所得到的其实不是人的多元化与丰富化，而是人被隐匿于数据之中，人被时间度量。人生无常，参差百态才是社会常态。而在参差书屋，每个人的与众不同之处，将为彼此打开新世界的大门。在寒冷的冬天，让我们卸下面具，做自己的光，温暖彼此，照亮彼此。

参差一直都是那个参差

张文婷

说起来，和参差的缘分还真是由来已久。2008 年刚毕业半年多，我便辞掉了出版社的工作，从北京回到武汉。之后的第一份工作便是在参差咖啡书屋煮咖啡。也是因着这份机缘，从此再也没有机会去经历正儿八经的职场生涯。现在看来，这是一份幸运，要感谢森哥。

十多年前森哥说“小的是美好的”，他说“要做减法，要去简餐化，咖啡馆要专注卖又新鲜又便宜，现磨现煮的咖啡”，他说“要让书香在咖啡香中复活”。那几年他说了很多话，他说的话也都成了真。带着十来个同事，带着那份特立独行的劲头，亲力亲为地在武汉开出了十几个风格各异、参差多态、有趣且温暖、存活且盈利的小小咖啡馆。他硬生生地从上岛咖啡、石烧咖啡等各种台式连锁店中开辟了另一种模式，把现磨咖啡的价格从汉口沿江的“轻奢”拉到了学生都能日常消费的水平。他带着在光谷 VOX 看完演出的学生们读王小波、读罗素、读刘瑜、读奥威尔和潘恩，和写字楼的精英们聊价值观和生活的本质和各种可能性……

十年后，沉寂了一段时间的森哥在经济并不乐观的大环境下，带着会员制的“参差书屋”重新回到了人们的视野。有意思的是，这一次“咖啡”两个字竟然被去掉了，而十年前他去掉的餐，这次不仅有餐，还不是简餐，直接上了私人订制、干式熟成牛排。此外还加上了烟斗、雪茄、手工、小现场等内容，没有变的是书、音乐和电影，还有他利己及人的处世方式。

聊到这里，可能有人会觉得困惑——森哥莫不是变了？丢了初心？不不不，这些在我看来却恰恰相反，森哥一直是那个森哥，参差也一直是那个参差，参差多态乃是幸福本源，森哥还在不厌其烦地普及着会员制的常识，参差的内核当然不会变。

我一定是一个合格的小助理，因为我虽然丢三落四不记得喜欢的书的书名，却记得住森哥的名言。十年前，森哥说过，他做的每一件事情，出发点都是从“悦己”出发，在满足自己喜好的前提下再去分享给他人。过程美好了，结局也不会差不到哪儿去。十年前，我们都是咖啡重度上瘾者，经过十年的沉淀，咖啡是“生活灵药”的地位仍然不可动摇，而且已经成了日常饮水一样平常，而这些时日里结识了不少同样有趣的灵魂，使兴趣和喜好更加丰富起来。

所以，参差书屋的名字里有没有咖啡两个字已经不重要了，森哥似乎已经不需要用咖啡或者别的词来给它背书，唯有参差依旧。它依旧是十年前的那个参差咖啡书屋，只是这次森哥选择把目标人群设定为他的同龄人，他把参差书屋“藏”了起来——公开却属于小众，面积不大却丰富，安静却不会冷清，富有气质却不疏离。于我而言，它是一个“与自己相处”的非常舒适的空间，适合邂逅同类，也适合观照自己。

短短十来年，我们可以很清晰地看到时间在我们身上流淌过的痕迹。参差书屋，就像刚刚过去的圣诞节，打动我的已经不再是精心准备的“惊喜”，而是那一份处处可循的难得的“自在和平静”。刺猬乐队有句歌词曾经击中我脆弱的内心——一代人终将老去，但总有人正年轻。我曾为此扼腕叹息心有戚戚。而后，在一次次偶然小聚、欢快而又短暂的周末里，我突然意识到，我们曾经猎奇的、追求的、憧憬的、为之奔赴的一切，不过都在时间的沉淀下，成了我们现如今生活里所享有的、闪着光的小美好和小确幸。我们依旧热爱，依旧鲜活，不负时光。

后 记

没错，被你看出来了！

参差书屋是中国第一家使用开市客商业模式的、以连锁为目标的会员制公共空间，我们只为高素质人群服务。我们通过收取合理的会员年费的方式，隔绝素质不够的多数人群，专门为会员提供平价但优质的咖啡和西餐，并常年为会员提供文艺演出等文化福利，还将不断地帮助他们开拓更多的生活方式，以及新的兴趣爱好，还有新技能的可能性。

我们的目标是和参差书屋的优质会员一起，为“黄金一代”提供精神生活的系列指南，把参差书屋办成“黄金一代”的精神家园。可能有人会将参差书屋对标成日本的茑屋书店，但我们觉得不是。国情不同，参差书屋和茑屋书店的策略有很大的区别。

看完这本书的朋友都知道，我对增田先生和茑屋书店充满敬意，所以在网上看到一些年轻人把茑屋书店当成网红店，心里很不是滋味。真心希望茑屋书店在中国也能良性发展，让更多人受益，也成为中国的文化基础设施。

参差书屋这次是在深思熟虑之后，针对中国国情和现状以及未来走势的综合考量，最终决定采用会员制模式的。其实，整本书就是一个长长的广告，肯定也早就被你看出来了。但是，我一点也不会心虚，因为，至少我个人认为，参差书屋的模式极有可能解开书店在中国难活的死结！至少，鼓励阅读这件事，在参差书屋体系内，我们可以一直做下去。而且，作为一个超过 15 年的咖啡从业者，在我心里，参差书屋当然还是一间咖啡馆，一间一直鼓励阅读的咖啡馆。至于参差书屋到底是不是一间书店，这个我认为并不重要。重要的是好书有没有被更多人遇见，有没有被更多人阅读。这一次，把书和咖啡这两个我一生挚爱融合在一起，我期待的是永续经营，期待的是惠及更多的人。所以，我就要厚着脸皮通过这本书广而告之，吸引全国各地志同道合的朋友加入参差书屋的大家庭。如果当地还没有参差书屋这种模式，看完这本书，你觉得你有兴趣、有责任、有义务、有能力在当地也开一间这样模式的书屋，我们乐见！这样更多优质人群在各个城市就都能够找到自己的精神家园了，加不加盟我们，那是次要的。

如果你觉得万事俱备就差经营经验，或者是在某个环节还有点心里没底，没关系，欢迎加盟我们，我们准备好了完善的运营 SOP，事无巨细，能想到的我们都想到了。我们可以为加盟者提供全方位的指导、培训、帮助、支援。要知道参差咖啡可是有近十年的办学培训经验的。更重要的是，这么好的模式，如果快速达到一定规模，全国各个城市都有加盟店，那么不论是经营者还是未来的新会员都会因此而受益。

最后，既然广告目的暴露无遗，我干脆截取一段参差书屋商业计划书的一部分跟大家分享，如果你是从事咖啡事业的，或者是开书店的，抑或是两者都未涉足过，但有过书店或者咖啡馆梦想的，都可以认真看看，如果觉得我说得有道理，解决了一些困惑，那就太好了！现在的经济和社会环境，每个人下一步该怎么办，都需要冷静分析，什么都不做是等死，胡乱作为则是找死。

《中国大陆咖啡馆模式现状分析》

1. 星巴克模式——只有领导品牌才能存活和发展。目前在中国，这个领导品牌非星巴克莫属。它用 20 多年的时间，占据了全国优质城市的优质地段，垄断和领导地位已经不可撼动。同类型的还有咖世家 COSTA 和太平洋咖啡，目前看还无法望其项背。结论，星巴克模式在中国具有统治地位，其他品牌已经没有任何想象空间。

2. 瑞幸模式——瑞幸以野蛮扩张的方式，迅速占据了全国优质城市的优质写字楼，数据造假事件并没有改变它已经形成的优势。最近两三年，瑞幸还开始了特许经营业务，在中小城市迅速扩张，势头不减。结论，仍然会有些大资金不在意瑞幸丑闻可能产生的负面影响，因为全国的高端写字楼远远不止几千幢，他们仍然对写字楼咖啡市场跃跃欲试。但我们认为，这是一个烧钱而且非常拼扩张能力和管理水平的模式，风险极高。

没有足够的资金和魄力完全不可能模仿，即便模仿，似乎也只能是上市圈钱这条路，和永续经营的理性模式关系不大。

3. Manner 模式——曼纳（Manner）的异军突起其实在意料之中。小铺子窗口外带模式，价格低廉，是星巴克模式的补充。其本质还是去占据全国优质城市，主要是白领聚集的街道小铺面。因为 Manner 模式刚刚得到确认，目前处在快速扩张中，其市场份额还没有达到垄断的势态，目前仍有不少资金对此模式跃跃欲试。结论，这种模式属于人力和资金密集型，而且因为极其依赖选址，竞争异常激烈。虽然最终有可能像奶茶行业那样催生几家上市公司，但永续经营的前景不好说，毕竟 7—11 便利店和全家便利商店一类的超市要做廉价咖啡一点也不难。

4. 自雇佣型的独立小咖啡馆模式——这是在全世界范围内都普遍合理存在的咖啡馆模式。主人亲自打理，低租金，自雇佣，省去了高额房租和人工，自己给自己发工资过日子。

本质上，极具人文特色的个性小咖啡馆就应该留给那些参差多态的年轻个体去做自雇佣式经营。参差咖啡过去十年就是在推动这件事。参差咖啡梦想学校的学员在全中国已经开了超过三千个独立小咖啡馆，绝大多数存活得很好。如果不是新冠疫情，参差咖啡会继续从事咖啡以及小店经营的教学，帮助更多年轻人自雇佣式创业。

参差书屋名字里连咖啡二字都没有，模式显然不在上述模式里，甚至连目标人群都截然不同，几乎可以说和它们是井水不犯河水。之所以给出上面的分析，我心里还是在把自己当成一个咖啡从业者。不过，从参差书屋开始，我更愿意未来把自己定位成一个爱咖啡、爱书的“生活方式供应商”。参差书屋到底归属于咖啡业、图书业，还是餐饮业？其实我并不在意。只有一点现在是可以明确的，我现在从事的是连锁业，一个希望美好的品质生活在全中国连锁起来的梦想家！

好了，都到《后记》了，还是毛病不改，唠唠叨叨个没完。请大家务必原谅，毕竟我在参差咖啡梦想学校给学员们上咖啡馆的经营管理课长达 8 年，累计唠叨了近 3000 个小时，换算成字数，高达 2700 万字。这本书仅有 19 万字，还不到授课内容的千分之四呢。好吧，既然参差书屋这次会做特许经营，要发展加盟，自然缺不了要开展培训。我们武汉见，到时候听我当面唠叨，是面授机宜才对！千万不要觉得参差书屋这事儿只有像我这样的老家伙才能做，只要有心，有信念，愿意学习，你一定也能做到；当然，也不要觉得这事儿很简单，认为按照书上写的照做不就完了，干吗非要加盟参差书屋呢？注意，即便抛开参差品牌的意义不谈，这一次和我一直鼓励年轻人通过自雇佣模式自行创业不一样，参差书屋模式的优势只有在同一品牌的规模效应下才可以被放大—— 一卡在手，到全国各地的参差书屋都能享受优质优价的美食、咖啡和当地艺术精英的文艺演出——多么难得的多赢局面啊！

2022 年 12 月 18 日